講談社選書メチエ

701

電鉄は聖地をめざす

都市と鉄道の日本近代史

鈴木勇一郎

MÉTIER

はじめに

本書は、都市と「電鉄」をめぐる物語である。

阪急や阪神、東急や西武といった日本の電鉄は、日本の近代大都市、とりわけ郊外空間の形成に大きな役割を果たしてきた。「田園都市」を謳った郊外住宅地にターミナルデパート、遊園地といった二〇世紀の日本の大都市の郊外を語るうえで欠かせない要素は、基本的に「電鉄」がつくり出してきた。そして、その電鉄を核に郊外を開発するというモデルを創出したのが阪急の小林一三であり、東急の五島慶太や西武の堤康次郎は、小林を模倣、応用しながら都市空間をつくっていった。

……こうした物語を、私たちはごく当然のものとして受け入れている。だが、実は世界的に見れば、こうした都市の成り立ちはかなり特異だ。ニューヨークやロンドン、パリといった世界的な大都市では、日本の電鉄のようなものが都市形成を主導してきたことは稀だからだ。

だとすると、電鉄は日本の近代大都市の特質を象徴的に表しているともいえる。だからこそ、小林一三をはじめ電鉄の歴史については、さんざん論じられてきたのである。

ところが、ここで注意しなければならないのは、日本の「電鉄」は、当初別に住宅地を開発するためにつくられたわけではないということだ。はじめに電鉄が形成される過程において大きな推進力となったのは、衛生的で健全な「田園都市」といった理想ではない。

主な動因の一つとなったのが、社寺参詣である。京浜電気鉄道（現・京急電鉄）、京成電気軌道（現・京成電鉄）など、もともと社寺参詣を大きな目的として敷設された電鉄は少なくない。そもそも小林一三の阪急電鉄の前身である箕面《みのお》有馬電気軌道ですら、当初は参詣輸送を大きな目的としていたのである。

このこと自体は別に目新しいはなしではなく、しばしば指摘されてきたことではある。だが、都市と電鉄の歴史の中で、こうした社寺参詣の世界がどのような影響をもっていたのか、まともに検討されることはなかった。近代都市形成のメインストーリーの中では取るに足らない要素として切り捨てられてきたのである。

古代や中世、さらには近世都市の歴史を語るうえで、宗教というのは欠かせない要素だ。陰陽道や寺社勢力、アジールといったように、前近代の都市史研究を見渡せば、こうした用語がちりばめられている。

ところが、対象が近代都市となると、状況は一変する。都市計画や行政、民衆運動など、もっぱら近代の文法のうえで語られている。そうした関心の中では、神社仏閣などは前近代の残滓にすぎず、取るに足らない要素として顧みられることはなかった。[1] だが、本当にそれでよいのだろうか、というのが本書の出発点である。

たしかに、都市行政や都市計画といった、フォーマルな制度、経済政治にはこうした要素が入り込む余地はないように見える。だが、実際に歴史を生きた人々の営みとして都市形成の実相を資料を通じて見つめなおすと、こうした近代行政の論理や経済的な合理性だけで語りきることができるわけではないことがわかってくる。

初期の電鉄をめぐる世界では、神社仏閣とそれを取り巻く人々の、ある意味無軌道ともいえる行動が郊外空間をつくり出していった。それは、近代的な都市計画といった無機質なものでも、経済的な功利性のみで説明のつくものではなかった。すっかり「紳士的」となった現代の電鉄の姿からは想像しがたいが、われわれが通常イメージするような電鉄が確立してくる以前の黎明期には、現在の視点から見ると「怪しい」人々が蠢《うごめ》いていた。そうした人々を突き動かしていたのは、寺院や神社を興隆させたいという熱情であった。[2] そのすさまじいまでのパワーが、電鉄を、ひいては日本の都市をつくり出していったのである。

彼らを突き動かしていたのは、寺院や神社を興隆させたいという熱情であり、別に都市開発全般に関心があったわけではない。だが、そのエネルギーが、社寺参詣という前近代から続く風習を近代社会に適合するように換骨奪胎しただけでなく、鉄道を敷き、庭園をつくり、さらには墓地といった近代都市生活に不可欠な機能と空間をつくり出していったのである。本書は、「電鉄」と社寺を取り巻く「怪しい人々」に光を当てることで、都市と鉄道という近代化の物語の陰に隠された都市形成の歴史を明らかにしようというものである。

目次

序章　「電鉄」はいかにして生まれたか

二〇世紀型大都市

二〇世紀に入るころから、東京や大阪といった大都市では人口の集中が激しくなった。それまでは農村であった郊外に市街地が拡大していくという現象が顕著になったのである。

もちろん、都市への人口の集中はそれまでにも見られた現象だ。古代ローマや近世の江戸など、百万単位の人口を抱えていた都市も少なくない。だが、二〇世紀の大都市は前近代の都市と大きく異なっていた。それ以前が基本的に「徒歩」の範囲に都市のスケールが拘束されていたのに対し、近代以降には都市鉄道など、都市交通機関によってその範囲が決定されるようになったということだ。言い換えれば、鉄道が「大都市」をつくり上げるようになったのである。

近代大都市の特質が先鋭的に現れる空間が「郊外」であった。[1] 大都市では、都市鉄道の沿線を中心に、それまで農村であった地域を市街地に変えながら、郊外への侵食を続けるようになる。いわゆるスプロール化が進みはじめるのである。それまで田畑や農家が広がる村だったところが、無計画に家や道路が建ち並びはじめるようになった。少なくとも、火災や衛生上への対策が現在に比べてはるかに脆弱であった当時は、こうした状況を放置することは、都市形成上大きな問題とされたのである。

もちろん政府もまったく手をこまねいていたわけではない。一九一九（大正八）年には都市計画法を制定している。[2] 制度という観点から見た場合、この法律が大きな画期だったことはたしかだ。それ以降、都市が拡大していく範囲をあらかじめ想定して「都市計画区域」を定めるようになったからだ。従来の既成市街地を越えて郊外に都市計画の網をかぶせることが可能となったのである。工場地域や住宅地域、商業地域といったように、地域の用途を機能別に区切るという考え方も導入された。この制度により、たとえば住宅地から工場だけでなく商業施設なども排除し、よくいえば衛生的で健全な、別のことばでいえば排他的で均質な空間づくりがめざされるようになったのである。

こうして誕生した「郊外」は、その場所に染みついているはずの歴史と切り離された均質性の高い空間というイメージをもたれるようになった。[3] 郊外空間の非歴史性や均質性が強調されてきたのは、日本に限らない。欧米でも同質的かつ無害で「無臭な空間」とみなされてきたように、[4] 世界的に共通する傾向だ。だがそれは、あるべき姿の投影という面が強く、実際には郊外空間は、さまざまな要素が重なり合って形成されていった。

関東大震災や戦災などで一時的に人口が減少することもあったが、基本的には、ほぼ二〇世紀を通じて、大都市への人口集中と市街地の郊外への拡大という基調が続いた。そうした中で、都市化が進めば土地が値上がりするという「土地神話」も形づくられていった。これは、実際に土地の売買が行われない限り「未実現のフィクショナルな利益」に過ぎないものであったが、都市開発の正当化の論理として次第に定着していくようになったのである。[5]

大都市への人口の集中と郊外への拡大の背景には、人々の暮らし方の変化があった。古来、都市に住む多くの人々は、生活の場と仕事の場が必ずしも分離していない、職住一致ないしは職住近接の生活を送っていた。商家に住み込む丁稚《でっち》や手代、自宅が職場となる職人といった人々が多くを占めていたのである。

ところが、二〇世紀になると役所や企業といった組織が次第に大きくなっていく。当時のことばで俸給生活者、その後長くサラリーマンと呼ばれる人々が誕生してきたのだ。[6] 産業化と都市化の進行とともに彼らは従来の家業とは切り離された。夫であり父親である男性が職場に通勤し、妻であり母である女性は専業主婦として家庭を守るという分業体制が成立した。主婦として家事と子育てにいそしむ女性、そして教育と健康に配慮を払われて慈しまれる子供たちからなる「家庭」が、ひとつの社会階層を形づくるようになってきていたのである。[7]

夫やその子供たちの多くは、都心部やその周辺の職場や学校に通うことがその生活の基本となった。労働の場と生活の場が切り離されることで、従来の都市の内部ではなく、郊外に生活の場を求めるようになっていく。都市の郊外への拡大の背景にはこういった構造があったのである。

このような固定化した男女の役割を前提に、郊外に展開する住宅地での生活を理想とする物語をもち、鉄道を軸に郊外へと拡大し続ける都市のことを、本書ではさしあたり「二〇世紀型大都市」と呼んでおきたい。

二一世紀に入る前後から夫婦の共働きが一般的となってきたが、現在でも多くの制度や習慣は、依然としてこうした二〇世紀のシステムを前提としていることは、周知のとおりだ。だがそのシステムは古くから存在したわけではない。その成立はせいぜい明治末期から大正にかけてのこと、[8] さらに一般化したのは第二次世界大戦後のことであった。

「電鉄」とは何か

こうした二〇世紀における日本の大都市の郊外への拡張に大きな役割を果たしたのが、大都市のターミナルを起点に郊外へと路線網を展開させた「電鉄」、つまり大都市私鉄であった。[9] 日本の大都市郊外は、いうなれば「私鉄郊外」なのである。[10] 日本の電鉄は、単に鉄道業を営むだけではない。住宅地、商業施設、行楽地、教育施設に至るまで、沿線の空間および生活文化の形成に大きな影響を及ぼしてきた。住宅地だけでなく、遊園地やデパートといった沿線開発の装置を通じて、人々の考え方、行動のスタイル、ファッション、暮らし方に影響を与える「交通文化圏」をつくり出した、とみなされてきたのである。[11]

もちろん、鉄道が都市の郊外の拡大に大きな役割を果たしたのは日本に限ったことではない。都市空間の郊外への拡大は、世界各国の大都市で同時代的に進行した現象だった。二〇世紀後半には自動車が大きな役割を果たすようになるが、それ以前に決定的な役割を果たしたのが鉄道だったという点では共通している。だが、日本の近代大都市の場合、それが「電鉄」によって形づくられたというところに大きな特徴がある。

ここでいう「電鉄」とは、主に日露戦争後から一九二〇年代にかけて東京や大阪といった大都市で誕生し、現在の「大手私鉄」につながってくるような鉄道会社群のことだ。

現在、関東の大手私鉄といえば、東急、東武、小田急、西武、京王、京成、京急、相鉄の八社、

表　東京および関西の電鉄各社の来歴

現在の名称	当初の名称	当初の形態	開業年	電化年
南海電気鉄道	阪堺鉄道	蒸気鉄道	1885年	1907年
阪神電気鉄道	阪神電気鉄道	電気軌道	1905年	1905年
阪急電鉄	箕面有馬電気軌道	電気軌道	1910年	1910年
京阪電気鉄道	京阪電気鉄道	電気軌道	1910年	1910年
近畿日本鉄道	大阪電気軌道	電気軌道	1914年	1914年
京浜急行電鉄	大師電気鉄道	電気軌道	1901年	1901年
京成電鉄	京成電気軌道	電気軌道	1912年	1912年
京王電鉄	京王電気軌道	電気軌道	1913年	1913年
東急電鉄	目黒蒲田電鉄	電気鉄道	1923年	1923年
東武鉄道	東武鉄道	蒸気鉄道	1899年	1924年
西武鉄道	武蔵野鉄道	蒸気鉄道	1915年	1922年
小田急電鉄	小田原急行鉄道	電気鉄道	1927年	1927年

※各社の社史およびホームページなど、公式情報をもとに作成。

関西では、南海、阪神、京阪、阪急、近鉄の五社を指す。つまり「電鉄」とは、さしあたりこうした大手私鉄の前身各社のことを想定している。ただ「大手私鉄」という概念が生まれたのは第二次世界大戦後のことになるし、厳密に見ると、当時の大都市近郊の私鉄と戦後の大手私鉄の間には、一定の落差があることも事実だ。

もちろん「電鉄」というのは電気鉄道の略称なので、本来は別に大都市のものに限られるわけではない。だが、多くは大都市とその周辺に路線網を展開してきたこともたしかであり、本書では便宜上、戦後の大手私鉄の基になった戦前の大都市の私鉄群を、「電鉄」と総称することにした。

モデルとしての「小林一三神話」

電鉄とか郊外開発などといったフレーズが出てくると、多くの人々の脳裏にまず浮かんでくるのが、小林一三の名前だろう。阪急電鉄をつくり上げた小林は、こうした電鉄のビジネスモデルも創出したとされてきた。小林による電鉄経営について、これまでの一般的な理解は次のようなものだろう。

小林一三は慶應義塾を卒業後、三井銀行に勤めていたが、一九一〇（明治四三）年に当時敷設計画が進んでいた箕面有馬電気軌道の経営に参画することになった。この電鉄は阪神電鉄など他社とは異なり、沿線にめだった都市もない「田舎電車」「遊覧電車」であり、その設立を危ぶまれる状態であった。

そこで小林は旅客収入だけに頼るのではなく、池田室町を手始めに沿線に住宅地を分譲して、大きな収益源とした。また大阪のターミナルであった梅田には駅と直結したターミナルデパートという新たな店舗形態を登場させ、郊外の終点であった宝塚では温泉と遊園地を経営するなど、次々と新規のビジネスを立ち上げていった。さらには「清く正しく美しく」を謳い文句に宝塚歌劇を創始し、日本に新たな演劇文化の潮流を生み出す。こうして、自らが確立したビジネスモデルを推し進めながら、路線を大阪から神戸へと拡大し、今日の阪急電鉄の基礎を形づくった。そして、主にサラリーマン層とその家族を対象とした衛生的で健全な郊外空間をつくり上げたのである。[12]

つまり小林は、単なる鉄道経営者ではなく、二〇世紀の都市開発ビジネスモデルの創始者であり、東急の五島慶太や西武の堤康次郎といったその後に続く私鉄経営者たちはみな、小林の模倣ないしは応用である——というのが広く流布された小林一三のイメージだ。つまり、日本の電鉄のモデルは小林にあるとみなされてきたのだ。

とくに一九九〇年前後には小林の革新性と生活文化創造者としての役割を強調し、その「神話」を増幅するような著作が相次いだ。[13] バブル経済が最高潮に達したこの時期に「小林一三神話」の流布が進んだのは、当時大都市の郊外への拡大が激しくなったことが背景にあっただろう。

小林一三

一九九〇年代後半になると、小林の一連の活動が、東京を中心とする「帝国」的秩序から相対的に自立した「民都」大阪の構築にあったとする研究も現れるが、[14] 小林が一貫してモダン都市空間づくりを志向していたことを前提にしているという点では、実は従来の「小林一三神話」の延長線上に位置していた。

現在でも、一般に流布している小林のイメージはさほど変化がないというのが実情だ。[15] 依然としてイメージが固定化している。多くの論者は、小林の革新性を強調し、その「神話」を増幅する役割を果たしてきた。その結果、小林一三には「われわれが今日もなおその影響下にあるライフスタイルの原型的イメージを造形した[16]」というイメージがすっかり定着するに至ったのである。

ところが、近年こうした「小林一三神話」を相対化するような見方が出てくるようになった。[17] 住宅地開発や宝塚歌劇など、小林の手がけた基本的な事業も含め、まったく彼の独創であったわけではなく、それ以前からのさまざまな蓄積の中から生まれてきたことが明らかとなってきている。

こうした研究が出てくるようになった背景には、二〇世紀型大都市の多くが、歴史的存在となってきたという事情がある。成長し続ける大都市というあり方そのものが、前近代から続く都市の一類型として相対化して考えられるべき時期にきている。成長を前提とする物語のうえに、二〇世紀型大都市のさまざまなシステムは構築されてきた。縮小への対応が要請されてきた二一世紀の都市のあり方を考えるうえでも、二〇世紀型大都市がどのように構築されてきたのか、もう一度考え直す必要がある。

小林のイメージが変わらない要因はいくつかあるだろうが、ひとつには今後めざすべき都市モデルをまだ確立できていないということも影響しているのかもしれない。たしかに二〇世紀型大都市の限界については、近年盛んに論じられるようになってきているが、かといって二〇世紀型大都市に代わって多くの人々が合意できるような都市モデルが出現しているわけでもない。依然として、多くの人々の脳裏に浮かぶあるべき都市モデルとは、二〇世紀型大都市の影を引きずり続けているということだろうか。

だとすると、新たな都市モデルを考えていくうえでも、いったん二〇世紀型大都市モデルを相対化する作業が重要になってくるのではないか。とくに小林の一連の行動が、日本の郊外空間の形成に決定的な役割を果たしてきたとすれば、二〇世紀型大都市の成り立ちを歴史的に考えていくうえでも、これまで流布されてきた、最初から一貫してサラリーマン層とその家族を対象とした生活空間の創造に努めてきたという見方は相対化が必要だと筆者は考えている。つまり、小林一三の事業に対しては「清く正しく美しく」といった見方だけで語りきれるものではないということだ。

通勤通学は少数派だった

阪急に限らず多くの日本の電鉄は、最終的に通勤通学輸送を事業の柱に据えるようになっていったことはたしかだ。だが、そのことを所与の前提とし過ぎてはいないだろうか。

職住分離と郊外への都市の拡大という都市のあり方は、サラリーマンを中心とする「家庭」の生活様式を前提としている。たしかに日本でこうした生活様式が現れはじめるのは二〇世紀初頭のことだ。とはいえ、実際のところこの時期にはまだその数は限られたものだった。

大方のイメージとは異なり、戦前の電鉄がそれほど通勤通学に利用されていたわけではないことは、かなり早い時期から指摘されていた[18]。だが、そうした視点はその後まともに検討されることなく、最初から小林一三モデルが成立していたことを前提に研究が進んできた。

そうした見方が流布してきた背景の一つに、戦前の電鉄の通勤通学客の割合が高めに推計されていたことがある。たとえば、阪急（箕面有馬電気軌道）の場合、一九一五（大正四）年に定期券・回数券を合わせた比率が四割を超えたことから、住宅地開発による通勤鉄道化が早くから進んでいたという主張がされてきた[19]。しかし、当時でも通勤通学の際に回数券を使うことが一般的なものだったのかは疑問が残る。

実際には、創業当初の箕有の回数券の割引率は一～二割程度と、[20]現在と大きく変わるものではなかった。もちろん、中には通勤通学に使用していた場合もあるだろうが、多くの場合は毎日の通勤通学には現在と同じように定期券を利用していたと考えるのが自然だ。回数券を除くと定期券収入割合は、初期には数％であり、一〇％を超えるのは一九一六（大正五）年のことだ（次頁表）。現在、大手私鉄の定期客の比率は五～六割程度ということからすると、[21]圧倒的に低い水準にとどまっていた。

また、現在では通勤費は事業者が負担することが一般的だが、当時、通勤費は個人の負担が原則であった。事業者負担が始まるのは戦時体制期、一般化するのは戦後しばらくたってからのことだ。[22]だから戦前は郊外に住んで電車を使って通勤するというスタイル自体がかなり限定されたものだったのである。

ところで、戦前の各電鉄における定期・定期外旅客の割合を知ることは、意外にむずかしい。とくに東京の電鉄では各期に出された『営業報告書』の多くに記載がなく、ほとんど判明しない。関西でも蒸気鉄道を出自とする電鉄ではよくわからないことが多いが、もとから電気鉄道として開業した電鉄ではデータが得られる場合もある。いずれも大正時代の後半になっても、定期券収入の割合は低い水準で推移していた。[23]住宅地開発が比較的早く進んでいた関西の電鉄ですらこんな状況だったとすると、当時は関西より「遅れていた」とされる東京の電鉄の状況は、推して知るべしである。つまり、かなり後の時期まで通勤通学客は少数派だったのである。

表　在阪私鉄各社の券種別収入割合（%、各社営業報告書〔各期〕より作成）

	阪神電鉄			箕有（阪急）			京阪電鉄			大阪電軌		
	定期券	回数券	普通券	定期券	回数券	普通券	定期券	回数券	普通券	定期券	回数券	普通券
1905 年上	3	6	90									
1905 年下	3	11	86									
1906 年上	5	13	82									
1906 年下	4	13	83									
1907 年上												
1907 年下	5	16	79									
1908 年上												
1908 年下	6	17	77									
1909 年上	9	18	72									
1909 年下	8	19	72	2	20	78						
1910 年上				3	19	77	3	10	86			
1910 年下	9	21	69	2	22	73	2	10	84			
1911 年上				4	24	67	3	14	79			
1911 年下				3	27	67	3	14	79			
1912 年上	10	22	67	5	27	67	4	13	76			
1912 年下	12	22	65	5	32	61	3	13	78			
1913 年上	13	22	64	6	29	62	4	16	76			
1913 年下	11	21	67	5	30	62	4	15	77			
1914 年上	14	20	65	8	30	60	5	15	74	1	16	79
1914 年下	11	21	67	6	33	59	5	16	75	1	15	79
1915 年上	15	22	61	9	30	59	7	17	71	2	14	97
1915 年下				7	34	56	5	12	74	2	15	79
1916 年上	10	24	64	10	32	56	8	16	74	2	16	77
1916 年下	13	25	62	8	34	54	7	15	74	2	16	78
1917 年上	15	25	59	11	34	53	7	16	73	3	17	76
1917 年下	14	27	59	10	36	51	8	17	72	3	19	74
1918 年上	14	27	58	10	32	56	7	20	72	4	19	75
1918 年下	13	28	59	11	32	55	7	20	71	4	20	74
1919 年上	15	28	56	13	30	55	8	24	67	5	21	73
1919 年下	15	29	55	14	32	53	8	26	65	5	22	71

社寺参詣と電鉄の誕生

近代大都市の形成に鉄道が大きな役割を果たしたのは、日本だけでなくアメリカやヨーロッパ諸国でも同じだ。ただ、異なる点も少なくない。その一つが、日本の電鉄は必ずしも通勤鉄道として建設されたわけではないということだ。初期の電鉄の中には、当初は神社仏閣への参詣を目的とした参詣電車として建設されたものも少なくない[24]。

これは、外国、とりわけ欧米と比較してみると特徴的だ。アメリカのニューヨークやシカゴはもちろんのこと、ヨーロッパのパリやロンドンでも一九世紀から都市鉄道が発達した。「通勤」という生活形態が起こった当初はともかく[25]、その後は多くが最初から通勤を対象とした都市鉄道として建設されていた[26]。

たしかに、キリスト教でも聖人や聖遺物崇拝があるカトリックや聖公会には、特定の聖地を訪れる巡礼があるが、巡礼に行くことを主目的として建設された鉄道はほとんどないだろう。もちろん、欧米でこうした鉄道が絶無というわけではない[27]。ただ、それらは大都市から離れた僻地だ。日本の大都市のように、近郊に大規模な参詣地があり、都市化と結びついていったという状況とは大きく異なっている。少なくともパリやロンドンの近郊に「ご利益のある」教会に参詣する人びとを運ぶために建設された鉄道などは存在しないのである。もちろん人と神との直接の関係を重視するそれ以外のプロテスタントにもこういったものはない[28]。

欧米諸国とは異なり、日本では明治二〇年代以降、参詣を主な目的に掲げた鉄道が数多く建設されていったことが大きな特徴の一つだ。日本では江戸時代から、多くの人々が大都市の周辺の寺社に行楽を兼ねた参詣を盛んに行っていた。後で触れるように、明治初期の鉄道開業直後から、日本の鉄道は社寺参詣の乗客が数多く利用し、参詣輸送を正面に掲げた鉄道も数多く出現するようになっていた。日本の電鉄は、当初こうした需要を取り込む形で建設されていったのである。

もちろん、役所に提出する申請書類に書いていることなど、建前に過ぎないという批判はあり得るだろう。だが、重要なのは当時の日本では社寺参詣目的ということが立派な建前となり得たことである。欧米ではこうした言説が建前にすらならなかったのとは、大きな違いだ。

ここに掲げたのは、日本における初期の電気鉄道だが、最初に開業した京都、その後の名古屋、それからここには挙げなかったが東京は、それぞれ市街電車的な色彩が強いものだった。だがそれ以外の多くは、いずれも温泉か神社仏閣へ行く路線だった。

一八九五（明治二八）年　京都電気鉄道
一八九八（明治三一）年　名古屋電気鉄道
一八九九（明治三二）年　大師電気鉄道　六郷橋—大師
一九〇〇（明治三三）年　小田原電気鉄道　国府津—箱根湯本
　　　同　　　　　年　豊州電気鉄道　大分—別府
一九〇二（明治三五）年　江ノ島電気鉄道　藤沢—片瀬江ノ島
一九〇三（明治三六）年　宮川電気　伊勢山田—二見が浦

大師電気鉄道は、その後京浜電気鉄道から京浜急行へと発展を遂げていくが、それに続いた京成電気軌道も、元来は柴又帝釈天や成田山新勝寺への輸送を大きな目的としていた。

阪急電鉄の前身＝箕面有馬電気軌道と参詣行楽

そもそも日本の電鉄経営のモデルをつくったとされる小林一三の阪急電鉄でさえも、箕面有馬電気軌道として創業した当初は、社寺参詣をはじめとする行楽輸送に主体を置いていたのである。[29]

箕面有馬電気軌道とは、その名のとおり大阪から箕面と有馬という行楽地を結ぶために計画された電鉄だ。箕面は、西国三十三ヵ所霊場のひとつ勝尾寺や修験の行場である瀧安寺といった寺社や、滝や渓谷などで知られた古くからの名所だ。明治三〇年代には大阪府立公園に指定されるなど、大阪市の郊外の行楽地として成長しつつあった。

一方、有馬も古くから知られた温泉だが、ここへ行くまでには峻険な山地を抜けていかなければならないことから、とりあえず麓の宝塚をめざしたのである。有馬と異なり宝塚は、古くから知られた温泉ではなく、明治時代になってから発見された鉱泉地で、開発が進みつつあった。さらに宝塚に向かう路線の沿線にも、中山寺や売布《めふ》神社、清荒神《きよしこうじん》といった社寺が豊富に点在している。とくに清荒神や中山寺は電車の開通によって大きく発展した寺社だ。

清荒神清澄寺は「日本第一清荒神」と称され、平安時代に創建されたとされる古刹だが、実際のところは「寂しい、山中の一貧寺」であった時期が長かった。[30]ところが、一九一〇（明治四三）年に箕面有馬電気軌道が開通し、開通と同時に清荒神停留所が設置されると状況は大きく変わった。清澄寺もそれまで蒐集してきた富岡鉄斎の書画を一般に公開するために「百錬堂」と称する展示施設を建設するなどして、独自の寺門興隆策を図った。電車の開通と宝塚からの回遊客の誘致、そして鉄斎の書画という「三宝の道」が名所としての清荒神の価値を高め、その後の発展の基礎を形づくったのである。[31]

清荒神は、駅から約一キロメートルほど離れた山中に位置しているが、電車の開通までは途中一軒の人家もない山道であった。[32]ところが大正時代後半になると、すでに駅前から山門までは隙間なく連ねられた吊灯で、夜間でも「白昼の観」を呈するようなありさまとなっていたという。[33]現在でも土産物屋や飲食店が軒を連ねる門前町となっているが、それは電鉄の開通によってもたらされたものだったのである。

安産祈願で知られる中山寺は、西国三十三ヵ所霊場の二四番札所なので、古くから有力な寺だったことはたしかだ。だがそれだけに明治維新後の廃仏毀釈などの影響は大きく、一時はかなり衰退していたという。しかし、箕面有馬電気軌道開通当時の住職石堂恵猛《えみょう》は、かねてから小林と知人だったこともあったのか、電鉄側が積極的に宣伝して、多くの参詣者を集めるようになったという。

恵猛の孫にあたる恵教は、テレビのインタビューに答えて次のように述べている。

寺なんてのはポスターを貼ったり、宣伝したり、広告なんてもってのほかという感覚でしたからね。それを阪急さんがやってくれたから非常にありがたいという、結果的にはそういうことですわ。こんなこと言ったら、今の阪急さんごっつ喜んでくれるかもわからへんけど、足向けて寝られへんなということもあったと思います。[34]

箕面有馬電気軌道の開通によって、沿線の社寺への参詣が活気づいた、というよりはむしろ電鉄が、社寺参詣への需要を掘り起こしていったと見るほうが適切なのかもしれない。

箕面有馬電軌は、行楽地や名所に恵まれた「遊覧電車」として発足したのである。すでに触れたように、当時の日本の電車の多くは「遊覧電車」としての性格を強くもっており、そのこと自体は別に特異なことではなかった。

「みみず電車」

では「遊覧電車」としては、当時どのように評価されていたのだろうか。同線の開業の翌年、大阪とその周辺における都市化の状況を紹介したレポートは、次のように評している。

箕有沿線の地は夫の阪神南海の如く海辺の眺望を有せざるも、打ち潤けたる田園の豊穣なるを望み、更に北するに従ひ、左右には深緑滴らんばかりの山姿に迎へられ、箕面には楓の名所として、将た瀑布の名所として共に日本一の称ある箕面大公園あり。猪名川の辺りには池田、伊丹の銘酒醸造地あり。更に武庫川の清流に臨み翠緑滴らんとする辺りには、有名なる宝塚霊泉あり。其他服部の天神、西国三十三ケ所の札所たる中山寺、及勝尾寺あり、能勢の妙見、清荒神等古来の名所旧蹟枚挙するに遑あらず。[35]

つまり、箕有は阪神電鉄や南海鉄道のような海浜リゾートにこそ恵まれてはいないものの、さまざまな町や神社仏閣など、遊覧地が沿線に数多く存在していると評価されていたのである。

有川浩の小説『阪急電車』は、宝塚線の清荒神駅から宝塚を経て今津線を西宮北口駅へと進みながら、さまざまな人間模様が繰り広げられるという作品だ。ここに登場する人物が「この沿線って神様やお寺さんの過密空間やで」[36]などと発言しているように、実はこうした参詣電車としての性格は、現在でも意外に認識はされている。

ところが小林一三自身が、こうしたもともと有していた遊覧電車としての性格を打ち消す言説を振りまいてきた。小林は、自らの自叙伝『逸翁自叙伝』で箕有が「貧弱なる沿線」で「とうてい見込なし」などと蔑《さげす》まれ、会社の設立も危ぶまれたということを強調している。[37]沿線の人々からは「みみず電車」と呼ばれていたともいう。だが設立が危機に瀕したのは、不況の影響を受けたもので、もともとは「遊覧電車」として、けっこう恵まれたポジションにあったのだ。こうした小林の言説は、自らのその後の一連の事業の革新性を強調する役割を果たしてきた。電鉄の歴史を研究する多くの論者が、小林自身が後からつくり上げた言説にとらわれてきたのである。

近代都市形成への影響を考える

初期の電鉄は、こうした社寺参詣を中心とする遊覧電車、都市と都市との間を連絡する都市間電車、もしくは蒸気鉄道からの転換組の三つに大きく分けることができる。もちろん遊覧と都市間連絡をあわせもっていた電鉄もあるが、基本的にはこの三つのいずれかの性格をもっていた。意外なことに、最初から住宅地開発と通勤通学輸送を前面に打ち出して登場した電鉄はほぼなかったのである。

　このように言い切ってしまうと、そんなはずはないという反発の声があがるかもしれない。たしかに、日本でも最初から通勤通学を目的にした電鉄も存在する。だが、実はこうした性格を最初からもった電鉄が登場するのはけっこう遅く、一九二〇年代に入るのを待たなければならない。

　もう少し具体的に見ていこう。初期の関西の私鉄では、南海は蒸気鉄道からの転換組であるほかは、阪神は都市間連絡、阪急は遊覧電車、京阪や大軌（後の近鉄）は都市間と遊覧の複合型である。東京に目を転じても、東武、西武は蒸気からの転換組、京浜や京王、京成といった軌道各社は、いずれも遊覧と都市間連絡という性格が強いものだった。

　東京で最初から通勤通学を前面に押し出した電鉄は、田園都市会社の鉄道部門として発足した目黒蒲田電鉄（現・東急目黒線・多摩川線）あたりをその嚆矢《こうし》とするだろう。関西では、現在の阪急千里線となる北大阪電鉄の登場あたりまで待たなければならない。いずれも一九二〇年代に入ってから開業したもので、初期の電鉄からすると、かなりの後発になる。さらに本書で触れるように、北大阪電鉄は初期段階では、葬式電車として構想されている。

　つまり、日本に電鉄が誕生しはじめた明治時代の終わりの電鉄は、蒸気鉄道からの転換を除けば、遊覧、都市間連絡にその性格をほぼ集約することができる。そうすると、日本のとくに初期の電鉄では、社寺参詣を中心とした遊覧電車という機能を期待されていたことになるだろう。

　日本の電鉄がもともと社寺参詣と深く結びついた[38]、「動く参道[39]」としての性格をもっていたことは、これまでにもしばしば指摘されてきたことだ。だが、それがその後現代の電鉄にどのように変化し、都市形成と絡み合ってきたのかは、ほとんど検討されてこなかった。電鉄史研究の主流をなす、経営史研究者の関心を掻き立てるような問題ではなかったのだ。電鉄と社寺参詣との関係は、従来の研究でも取り上げられていないわけではないが、その多くは習俗やナショナリズムとの関係に関心があった[40]。だが、社寺参詣との関係が日本の電鉄の原初的な特質とすると、その過程を明らかにすることは、とりもなおさず日本の近代大都市の特質をあぶりだすことにほかならない。

それでは、社寺と電鉄がどのように関わり合い、日本の都市を形づくってきたのか、具体的に見ていこう。

第一章

凄腕住職たちの群像

――新勝寺と成田の鉄道

1　参詣鉄道の登場

私鉄が担った「国家の鉄道」

日本の鉄道が明治五（一八七二）年の新橋―横浜間にはじまるということは、よく知られている。この鉄道は、首都である東京と貿易港である横浜を結ぶことが大きな役割だったが、政府が直接建設・運営し、その後東海道鉄道の一部を構成するようになった。つまり、名実ともに国家の鉄道として登場したわけである。

かつて一九八七（昭和六二）年に国鉄が分割民営化された際、新聞や雑誌などには「国鉄一一五年の歴史に幕」といった類いの記事があふれていた。日本の鉄道の歴史＝国鉄の歴史という言説は長く流布され、常識のようになっている。もちろん、「国が運営していた鉄道」の歴史ということに限れば、「国鉄一一五年」の歴史は誤りではない。しかし、日本の鉄道網の基幹を国鉄が担うという体制ができたのは、日露戦争後、一九〇六（明治三九）年のいわゆる鉄道国有化以降のことに過ぎない。実は、それ以前の明治時代の大半の時期は、日本の鉄道の主流を占めていたのは私鉄であった。

政府は、新橋―横浜間の鉄道こそ直営で建設したが、ほどなく財政的な壁にぶち当たった。全国に鉄道網を張りめぐらせるには、当時の政府の資金調達力は弱すぎたのである。そこで政府は民間に出資を求め、一八八一（明治一四）年に半官半民の鉄道会社を設立した。それが東北方面への路線を建設した日本鉄道株式会社である。日本鉄道は、本来政府が建設すべき国土交通の基幹ネットワークの

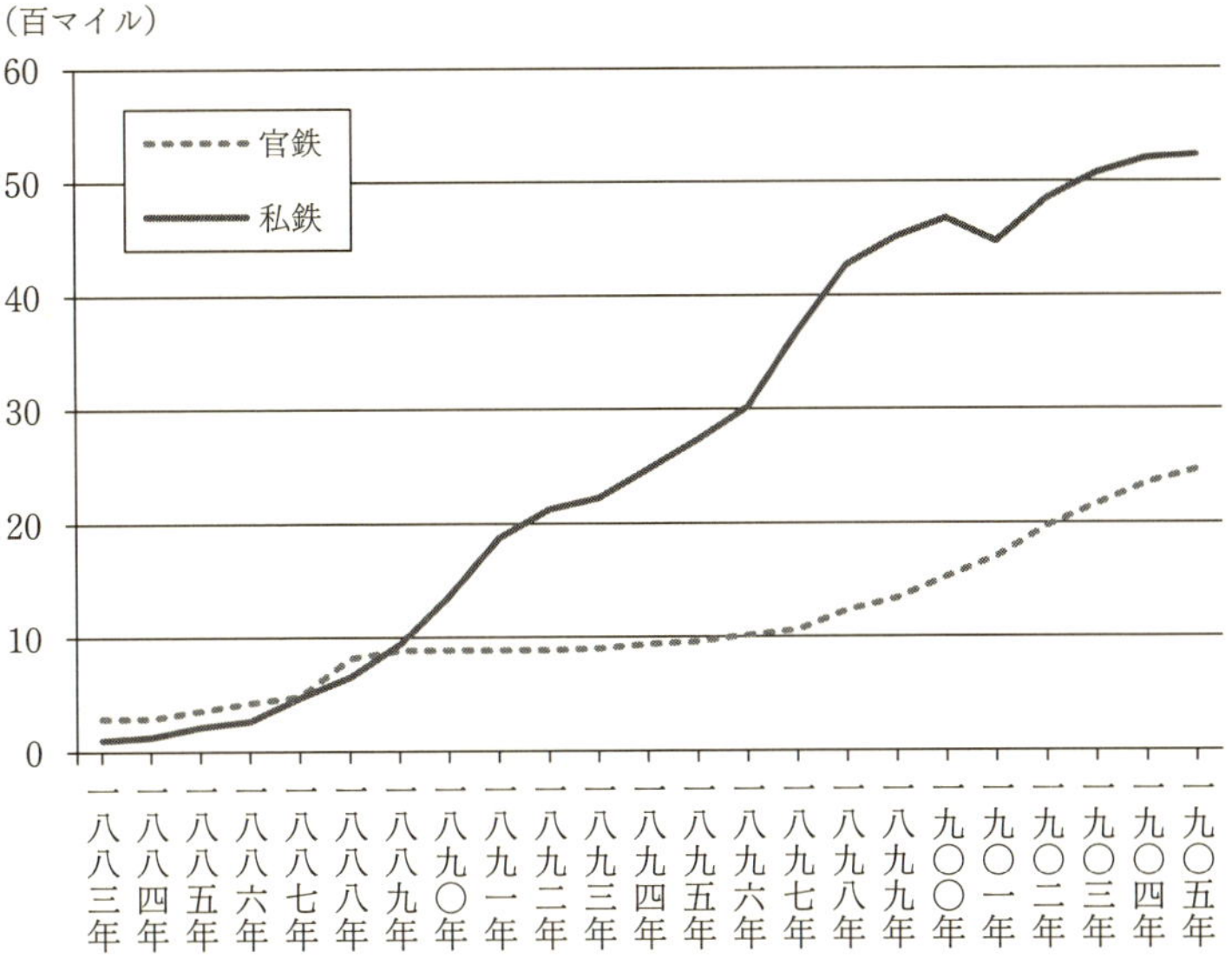

官私鉄営業距離の推移　逓信省鉄道局編『鉄道局年報 明治38年度』より作成

一部を代わりに担っていたのである。[1]

日本鉄道は半官半民の性格をもっていたが、その後多くの民間会社が次々と路線網を建設した。山陽鉄道や九州鉄道といった民間資本の私鉄が、国土交通ネットワークの一翼を担う存在へと成長していく。こうして明治二〇年代には、私鉄の総延長が官設鉄道を上回るようになったのである[2]（図）。明治時代は私鉄の時代だったのだ。

だが、こうした体制は日露戦争後に一変する。一九〇六（明治三九）年に制定された鉄道国有法は、基本的に鉄道は国の所有とすることを謳い、全国の主要一七私鉄を買収するというものであった。これ以降、国鉄の分割民営化まで、日本の鉄道は国家が運営するという建前のもと、基本的な鉄道網は国鉄が担うようになった。そして私鉄は地域のローカル輸送でのみ存在を許されたのである。

　こうした鉄道国有化の中でも生き残った比較的有力な私鉄である南海鉄道や東武鉄道は、都市鉄道的な色彩を強めていった。他方で、私鉄株を手放した有力資本家は新たに都市周辺の電気鉄道に投資してゆく。こうして、大都市とその周辺に電鉄が誕生していく環境が整っていった。

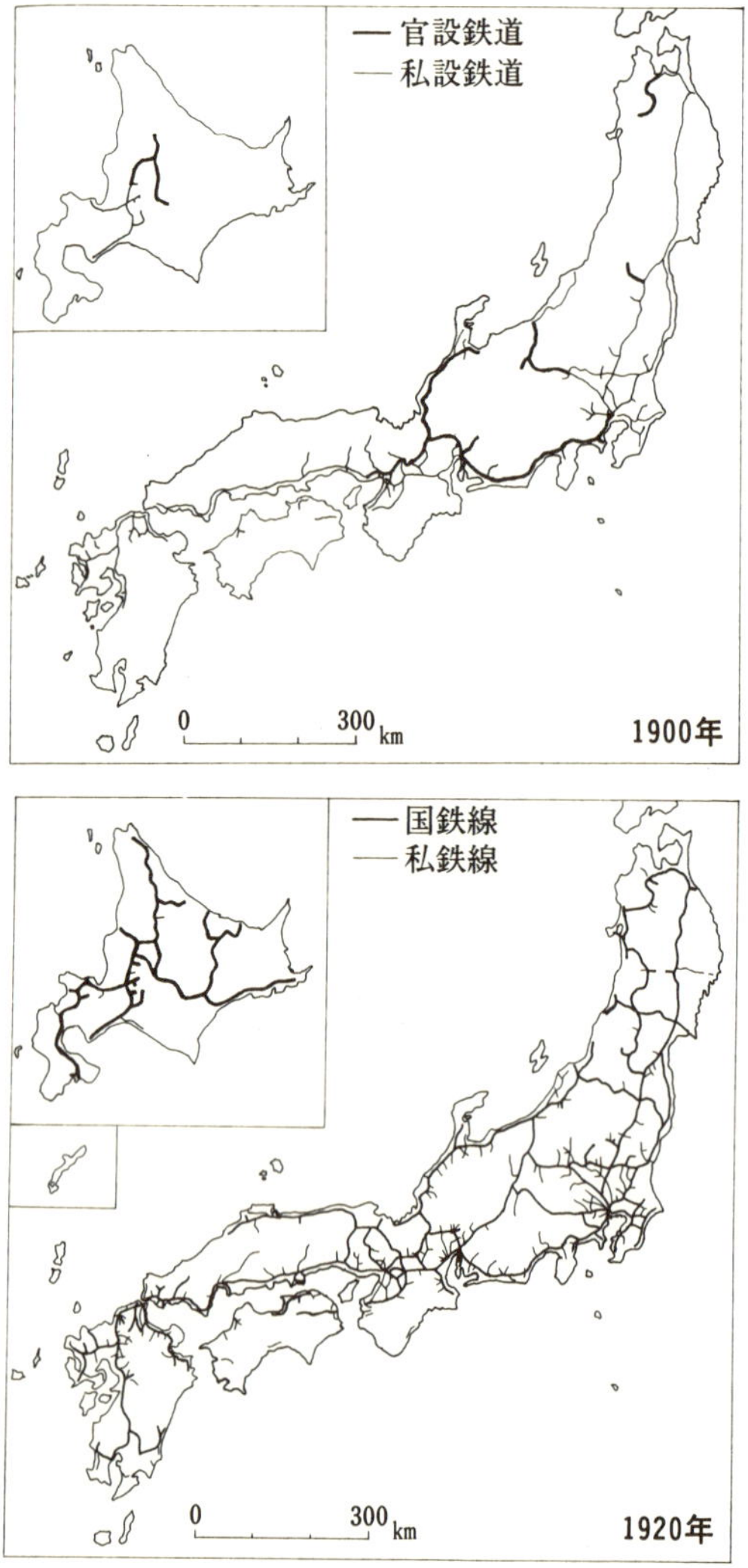

鉄道網の発達と官民の別　『日本の鉄道　成立と展開』より

意外な乗客

ところで、日本で実際に鉄道が走りはじめると、建設時には想定していなかった意外な乗客が多く見られた。川崎大師への参詣客である。その需要に応えるため鉄道当局は臨時列車を運転するようになった。こうした状況は、次に開通した神戸—大阪間でも見られた。鉄道が実際に開業してみると、やはり沿線にある西宮神社への参詣客が数多く利用し、鉄道当局では臨時列車を走らせることになったのである。[3]

前述のように日本の私鉄は半官半民の形からはじまったが、しばらくすると、純粋な民間資本の私鉄も登場するようになった。その最初のひとつが一八八五（明治一八）年に開業した阪堺鉄道である。この鉄道はその名の通り大阪の難波と堺という、古くから続く二つの都市を結ぶ都市間鉄道というのが当初のコンセプトだった。[4]ところが実際に開業してみると、この路線でも沿線にある住吉大社への参拝客が数多く利用するようになった。旅客収入のうち実に約四分の一が参拝客によるものだったという。[5]図らずも、社寺参詣をする人々が鉄道を利用するということがだんだんとわかってきたのである。

こうしたことは、新橋—横浜間の鉄道建設を指導したエドモンド・モレルのようなお雇い外国人も、逆に欧米を視察した岩倉使節団も気づいていなかったことだった。当時、政府関係者が思い描く鉄道建設の目的は、政府の威信を高めるとか、貿易の振興を図るといったことにあったからだ。[6]当時の欧米では鉄道を利用して教会へ参拝（?）するという需要がなかったからである。

なお、欧米でも鉄道の発達は旅の大衆化をもたらした。海浜リゾートなど、新たな行楽地が出現していったのである。[7]旅の大衆化を促進したのが団体旅行の普及であった。その組織化を図ったのがイギリスのトーマス・クックである。トーマス・クックは、近代的な旅行業者の元祖とされているが、そのはじまりは一八四一年に禁酒大会のための団体旅行の企画であった。敬虔なキリスト教徒であったクックはバプテスト派の伝道師を務めており、背景にはキリスト教的な理念に基づく禁酒運動があった。労働者が、休日に飲んだくれて堕落するのを防ぐために、団体旅行を計画したものだった。[8]実は旅行業者としてのトーマス・クック成立の背景にはキリスト教に基づく禁欲的傾向が存在したのである。

一方、教会は休日に人々が行楽に出かけることに否定的だった。とくに礼拝が行われる日曜日に行楽列車を運行することには大反対だった。[9]日本の寺社とは異なり、欧米のキリスト教会は、民衆の行楽を抑制する役割を果たしていたのである。そうした意味で参詣輸送は、日本の鉄道の大きな特徴のひとつとなっていくことになった。

讃岐鉄道と参宮鉄道

そうしているうち、当初から参詣客を当て込んだ鉄道が登場する。

一八八九（明治二二）年に開業した讃岐鉄道は、多度津から丸亀や琴平を結ぶことをめざして建設された鉄道（現在の予讃・土讃線の一部）である。当初から、時機を見て徳島や高知まで延長することを目論むなど、[10]四国全体の交通網構築も視野に入れていた。だがそれと同時に、開業当初から「運輸ノ目的ハ金毘羅参詣ノ乗客」[11]ということもはっきり謳っていた。やはり金比羅宮への参詣を強く意識していたのである。海上交通の守り神として知られる金毘羅大権現は、江戸時代から多くの参詣者を集めていた。讃岐鉄道は、こうした金毘羅参りの人々を強く意識して計画されたのである。

最初から参詣をはっきりと正面に掲げたのが、その名もずばり参宮鉄道だった。参宮鉄道は、関西鉄道の津から伊勢神宮のある宇治山田を結ぶ鉄道である。

江戸時代、伊勢参宮は、全国から多くの参詣者を集めていた。とくに六〇年に一度のおかげ参りは、数百万もの人々が押し寄せたが、通常でも年間数十万人くらいはコンスタントに集めていた。[12]

一八八九（明治二二）年八月に提出された創立願書では「宇治山田町ニアリテハ神宮ニ参拝者四方ヨリ麕至《きんし》シ其数毎年数十万」[13]として、伊勢神宮参詣を前面に押し出している。さすがに江戸時代には全国から数多くの参詣者を集めていた伊勢神宮ほどにもなると、それだけで鉄道ができてしまうのだ。

だが、当時伊勢参宮がそれほどは栄えていたわけではないことにも注意を向ける必要がある。全国から参拝者を集めていた御師が明治維新後に廃止となったこともあって、実は明治時代前半の伊勢神宮の参拝者は、江戸時代の半分程度に落ち込んでいた。[14]伊勢神宮といえば、皇室の「大廟」である。天皇を中心とする国家づくりが進んだ明治時代には、当然伊勢参宮者も増えたように思われがちだが、実際には江戸時代ほどには伊勢参りは盛んではなかったのである。

そこで、地元の有力者が中心になって伊勢参宮の復興を図る動きが出てきた。彼らは一八八六（明治一九）年に神宮とその周辺を整備する神苑会を設立し、宇治山田を「神都」として復興をめざす動きを具体化させていたのである。[15]参宮鉄道もこうした伊勢の復興策の一環だった。つまり、増え続ける参詣者への対応というよりは、鉄道を敷設することで参宮者を増やし、伊勢参宮の復興を図るという狙いがあったのである。

参宮鉄道の敷設に中心的な役割を担ったのは、太田小三郎という古市遊廓の経営者であった。[16] 古市は内宮のある宇治と外宮のある山田の中間に位置しており、伊勢参宮を終えた人々が「精進落とし」をする町として栄えてきた。太田はこの古市の三大妓楼のひとつ備前屋の主人であった。つまり参宮鉄道の設立には、伊勢神宮自体が積極的に関与したわけではなかったのである。太田は先に触れた神苑会の立ち上げにも深く関わるなど、伊勢の近代化の立役者とされているが、その手法は徹底して伊勢参宮を利用するというものだった。彼は、宇治山田の住民の多くが何らかの形で伊勢参宮と関わって生活していることもあって、その分、起業心に乏しいと見ていた。そうした雰囲気が支配する状況で、通常の殖産興業を進めても失敗するに違いない。ならば、いっそのこと神宮を中心に地域振興を図ったほうがいい、と考えていたのである。[17]

2　成田鉄道と新勝寺

住職が大株主

讃岐鉄道や参宮鉄道は、社寺参詣を当て込んでつくられていたが、設立に際してとくに社寺側と直接的な関係があったわけではない。しかし、社寺のほうから積極的にアプローチして敷設を実現するケースも現れるようになった。それが成田鉄道である。

この鉄道は一八九四（明治二七）年七月に、下総鉄道という名前で計画されていたが、政府に申請する過程で翌一八九五年に名前を成田鉄道と変えている。

私鉄を敷設する場合は、計画した人々が政府に出願し、政府はそれに免許[18]を与えるという枠組みとなっている。主務官庁が鉄道局や鉄道院、鉄道省、運輸省などといったように時代に応じて変化し、細かい部分ではいろいろ変更されているが、大まかな枠組みは二一世紀の現在も基本的に変わっていない。また、そうした政府に出願する過程においてさまざまな書類が提出されるので、これらを見ればその私鉄の目的や収支見通しなど、基本的な事業の目論見を知ることができる。

明治30年代の新勝寺境内　『日本之名勝』より

下総（成田）鉄道の創立願書によると、その目的は次のようなものとなっている。

抑モ本鉄道ヲ敷設セントスル成田及ヒ佐原地方ノ景況タル成田ハ不動尊ノ霊場ニシテ、信徒ノ多キ参詣人ノ夥シキ全国讃州琴平ヲ外ニシテ復タ之レアルヲ見ス[19]

ここでは金比羅参詣を引き合いに出しつつ、成田山新勝寺への参詣輸送こそが鉄道の第一の目的であることを強調している。「成田鉄道」と名前を変えたのも、そうすることで世間の信用も上がるうえに、多くの信徒の心も摑むこともできると考えたからだった。[20] まさに成田山を正面から意識して設立された鉄道だったのである。

新勝寺の創建

新勝寺が寺院側として最初に社寺参詣＋鉄道という構造に目をつけたのは、あながち唐突なことではない。その背景には新勝寺が蓄積してきた歴史があった。実は、新勝寺はもともと積極的なビジネスで成り上がった寺だったのである。

新勝寺といえば、現在初詣に際しては東京近郊で明治神宮に次ぐ規模の参詣者を集めるなど、全国的にも名が通った関東有数の寺院だ。真言宗智山派の大本山のひとつであり、仏教界での格も高い。また、平将門の乱を調伏するために京の都から不動明王像が捧持されたことが起源とされるなど、平安時代からの由緒もあるとされる。

こうしたことから、新勝寺は古くからずっと栄えてきた寺院だと思われがちだが、実態は大きく異なる。実は、中世までの様子を伝える史料はほとんど残っていないのである。[21] 江戸時代以前の成田山は、ほとんど名の知られない「一農村の檀那寺[22]」、つまり実質的には地元の村の小さな寺に過ぎなかった。

それが江戸時代の半ば以降、不動信仰を柱として繁栄を見せはじめ、急速に江戸近郊の名所へと成

①現・薬師堂（1655 ～ 1701）

③現・釈迦堂（1858 ～ 1964）

②現・光明堂（1701 ～ 1858）

④現・大本堂
（1968 ～現在）

新勝寺本堂の変遷　新勝寺では、寺勢の拡大とともに、本堂を大規模なものに改築してきた

長していったのである。だから古くからの有力寺社のような自らの領地、寺領はあまりもっていないということに特徴があった。そのため幕府の保護を受けていた大寺院とは異なり、自らの努力で経営のための資金を調達する必要があったのだ。[23]

出開帳と歌舞伎

新勝寺が江戸都市民からの信仰を集め、発展を遂げていくうえで最大の経営ツール、それが開帳だった。開帳とは、秘仏などを一般に拝観させることだ。最初は民衆との結縁を意図したものだったが、次第に資金調達の手段へと変わっていく。開帳には安置されている場所をそのまま使う「居開帳」、どこかに仏像を移動させて開帳する「出開帳」があるが、とりわけ絶大な宣伝効果があったのが、江戸で開催する出開帳であった。新勝寺では、江戸時代を通じて一一回の出開帳を行っている。[24]

当初、江戸の住民のほとんどは、新勝寺など名前も聞いたこともないような状態だったはずだ。知名度も寺領もなく多額の費用がかかる出開帳の開催は新勝寺にとって大きな賭けだった。

その賭けに勝つために新勝寺が繰り出した秘策が江戸の住民への宣伝だった。開帳に合わせて新勝寺の縁起を記した書物を出版するなどしてPRに努めたのである。ネットはおろか、新聞やテレビもない時代に情報を広める手段は限られていた。そうした時代に、おそらく最も効果があったのが歌舞伎の活用だった。市川団十郎に歌舞伎の演目に取り入れてもらうことで、知名度を大幅にアップしたのであった。結果として、出開帳は大成功をおさめ、短期間で莫大な利益を生んだ。こうして江戸時代を通じて新勝寺は「経営戦略と一体化した宣伝活動」の中で、寺勢拡大のシステムを構築していたのである。[25]

また、江戸時代を通じて寺領が少なかった新勝寺は、地元の門前町の住民との協力関係を構築し維持していた。[26] 古くからの大寺社の場合、門前町の土地などを所有している場合も多いことから、町民に対して強権的にふるまう場合が少なくなかった。だが寺領の少なかった新勝寺の場合は、こうした権力関係を基本的にもっていなかった。それだけに住民は積極的に住職や新勝寺を補佐してきたといえう。こうした寺院と門前町の住民の協力関係が明治維新後も、大きく発展を遂げることを可能にした一因でもあった。[27] 実際のところ、住職は成田住民の代表がなっている檀家総代の意向を無視しては、大きな事業は遂行できなかったのである。[28]

3　明治の三住職

維新期の危機を救った原口照輪

明治維新は、多くの寺院や神社にとっては大災難であった。多くの領地や独自の武力までもっていた中世ほどではないが、江戸時代の寺社も多くの特権をもっていた。幕府は大きな寺社にはある程度の領地を保証していたし、とくに寺院は寺請制度により民衆支配の一端を担うとともに一定の収入も確保されていた。だが明治維新はこうした環境を一変させた。寺院に限らず神社も領地や境内地の多くを上知、つまり政府に没収されたほか、寺請制度の廃止や神仏分離、廃仏毀釈によって、とくに寺院は困難に直面した。

江戸時代を通じて収入の多くを参詣者からの祈禱料、志納金等に依存していた[29]新勝寺は、上知などで領地を奪われた多くの大寺院に比べると、明治維新による被害は比較的軽かった。しかし、別の理由から危機に直面していた。安政五（一八五八）年に本堂を建立した際に八〇〇両という多額の借金を負ったうえに、住職の就任を巡る内紛が八年間も続いたことで[30]、寺の運営がかなり混乱していたのである。

この危機を乗り越えて、新勝寺が近代東京近郊の一大寺院として発展を遂げることができたのは、明治時代に住職を務めた三人の僧侶の力に依るところが大きい。

その最初の一人であり、維新後の新勝寺の基礎をつくったのが、幕末の慶応三（一八六七）年に住職に就任した原口照輪であった。文化一二（一八一五）年に下総国富津で生まれた照輪は、一〇歳の時に新勝寺で得度した後、京都の智積院で修行した。その後、江戸における成田山の責任者を務めていた[31]。

すでに触れたように、成田山にとって江戸は、多くの参詣者を抱える最重要都市であった。困難な問題の多かった幕末の江戸で責任者を務めたことは、照輪が頭角を現す大きな契機となったであろう。

維新後、原口は財政再建に取り組むとともに、地元の旧佐倉藩士を数多く寺務員として再就職させた[32]。新勝寺に再就職した旧藩士たちは、自らを「新勝寺家来」と称して、寺内に藩組織のミニチュア版をつくり上げることに情熱を傾けた[33]。そして「収納方」や「勘定所」といった佐倉藩の機構を模し

原口照輪　『成田山史』より

て、まるで江戸時代のような組織をつくり上げていったのである。彼らがどの程度意図していたかは定かではないが、寺の運営をこうした寺務員の組織が担うことで、僧侶が宗教行事に専念できるような体制ができあがった。寺の運営機構の整備が進んだことで、その後の信徒の増大にも対応できるようになったのである。[34]

旧佐倉藩士の再就職について、原口の意図がどのようなものであったのかは、はっきりしない。江戸時代を通じて新勝寺は佐倉藩主の帰依を受けていたことが関係したのか、旧藩士の窮状を見かねた義理と温情だったのか、それとももっと積極的な意図があったのかはよくわからない。だが結果として見れば、二百数十年の間に練り上げられた江戸時代の行政システムを再利用することで、今風にいえば、クリエイティブとマネージメントの分業体制が成立したということができるだろう。こうして、新勝寺ではその後の近代の発展に対応できるような組織的な基盤が整ったのである。

もうひとつ原口が積極的に取り組んだのが、深川不動堂の創建である。江戸時代、新勝寺は江戸における出先機関として旅宿を江戸深川の八幡社内に置いていた。ここで出開帳を行うなどしていたのである。ところが、明治維新後の神仏分離を受けて、神社である深川八幡の中に旅宿を置くことができなくなった。その後旅宿はいったん浅草に移転したが、最終的に深川に新たに不動堂を創建することになったのである。

こうして、成田山は明治維新後の東京でも再び拠点を構築することに成功したのであった。一八七八（明治一一）年に新たに創建された深川不動堂は、東京別院を名乗ったが、このころからめだつようになったのが、横浜や高崎など、各地に成田山の別院を展開するようになったことである[35]。いずれも直接的には地元の熱心な信者の要望を受けたものだったが、住職である原口の積極的な姿勢がなければ実現しなかったものだったともいえる。成田山では、その後数多くの別院を全国に展開していったが、こうした路線の基礎をつくったのも原口であった。

原口は、成田山を外に向かって拡大していくだけでなく、境内の整備にも力を注いだ。一八七六（明治九）年に境内の裏山に梅や桜の花を植えて花園を整備したこともそのひとつである。この花園はその後拡張を重ねて成田山公園となっていくが、こうした参拝者のための施設をつくりはじめたのも原口の時代だ。さらに「奥山」と呼ばれる一角に、四一ヵ所もの見世物小屋が建ち並ぶことも許容している。原口による参詣者を対象とした施設の整備は、結果として新勝寺に入る祈禱料の増加をもたらし一八七八年にはすでに一日平均二〇〇円に達するようになっていたのである[36]。

原口は一八八二（明治一五）年に死去したが、跡を継いだ三池照鳳《しょうほう》と比べると、詩文に通じた学究肌の人物として評価されることが多い。だが実際には近代の新勝寺発展の基礎をつくり上げた、なかなかのやり手住職であった。とくに借金の整理を成し遂げたことで、その後積極的に事業を展開できる素地をつくったのである。

「事業家」三池照鳳

維新後の混乱がひとまず落ち着いた段階で住職に就任したのが、三池照鳳だった。三池は、嘉永元（一八四八）年に地元成田で生まれている。九歳で出家し一八年もの間智積院で学問や修行に努めた。一八七〇（明治三）年からは東京における成田山の拠点である深川旅宿の責任者となり、これが深川不動堂として創建されるのに大きな力を尽くした。[37]

前任者の原口も新勝寺に来る前は江戸における責任者を務めていたが、やはり新勝寺にとって信者の最大の供給源である江戸・東京で実績を積むことが、その後の「出世」のきっかけになったということだろうか。いずれにせよ三池は一八八〇（明治一三）年には新勝寺副住職となった。そして一八八三（明治一六）年、前任者原口照輪の死去を受けて、貫主（住職）に就任したのである。

三池照鳳　『成田山史』より

本書の関心にひきつけていうと、三池の最大の功績は成田鉄道の発起人総代となったことである。三池は「学者に非ずして事業家、守成者に非ずして創業者」[38]とか「政治家になるべき」[39]などと当時評されたやり手の僧侶であり、あとで触れるようにさまざまな新規事業を打ち出した人物であった。

成田鉄道の設立に際して、三池がどの程度主体的に関わっていたのかについては疑問視する見方もあるが、[40]創立後三池自身が最大の株主となるとともに、[41]大きな影響力をもっていた地元成田や東京の信者が数多く株主になっている。[42]三池ら新勝寺関係者が、創立にあたって強いイニシアティブを発揮したことはまちがいないだろう。

新勝寺住職としての三池はこの他にもさまざまな新規事業を手がけている。就任翌年の一八八四（明治一七）年には居開帳、翌一八八五年には東京深川で出開帳、さらに一八八六年には居開帳と出開帳というように、三年連続で開帳を行っている。とくに一八八五年の出開帳は、東京まで行列を組んで徒歩での乗り込みとなったが、弘法大師御遠忌一〇五〇年にあたっており、空前の規模で開催されたという。[43]

現在でも各宗が「弘法大師御遠忌一一五〇年」とか「宗祖親鸞聖人七五〇回御遠忌」といった行事を催しているのを時折目にする。御遠忌とは、宗祖の死後五〇年ごとに行われる記念法要のことであり、こうした行事自体は古くから行われていた。ただ近代以降の御遠忌は、教団の組織化や再編のきっかけとして利用されるようになっていく。

封建的な特権を失った各宗派は、近代的な教団に再編していく過程で一般信徒を本山などの参拝に動員するようになった。

たとえば、浄土宗の総本山となっている京都の知恩院も江戸時代までは一般信徒が大挙して参拝に訪れるような寺ではなかった。しかし明治時代になると、教団の求心力を上げるため全国の一般信徒に知恩院を参拝することを促すようになる。その大きなきっかけが一九一一（明治四四）年に行われた「宗祖法然七〇〇年遠忌」だった。[44] 一八八五年の新勝寺出開帳も、近代的な組織へと移行していく流れの中に位置づけることができるだろう。

さらに三池は、大師堂、開山堂、内仏殿といった諸堂を建立し、維新後上知された元境内地を取り戻すなど、境内の整備にも力を注いだ。[45]

こうしたやり方に対しては、寺内に批判的な意見も存在した。批判派の中心的な人物は、住職に次ぐナンバー二の院代を務める金剛照諧だった。[46]その支持派と当時の有力政党である改進党勢力が結びつくことで、改進党のライバルである自由党系の支持を受けていた三池らと寺院内での勢力争いが激化した。寺院内の主導権争いが、外部の政治勢力と結びつくことで、権力闘争が本格化したのである。

対立が頂点に達したのが、一八九一（明治二四）年に起こった檀徒総代の選任方式をめぐる問題であった。新勝寺運営の近代化を図る三池は、檀徒総代をそれまでの住職指名から選挙制に変えようとする。これに対し金剛らは強い反対運動を展開したのである。すでに触れたように、新勝寺は門前町の住民との関係が深く、彼らの意向は新勝寺の運営にも大きな影響を及ぼすものであった。最終的には三池の意向通り、檀徒総代は選挙制となり、さらに金剛とその勢力を排除したことで、三池は寺院内での権力を確固たるものとするに至った。[47]

三池による新規事業は新勝寺境内にとどまらなかった。中等教育機関として英漢義塾を開設し、千葉感化院の経営も引き受けるなど、地域の教育・社会事業にも積極的に取り組んだのである。とくに英漢義塾は、その後成田中学校となったが、県立の中学校の整備が遅れていたこの地域で、有力な中等教育機関としての役割を果たすことになった。[48]

三池の積極的な行動はさらにスケールを大きくしていく。その一つが智山派独立運動である。ひとくちに真言宗といっても、実は組織として真言宗という単独の宗派が存在するわけではない。

大きく分けると高野山を中心とする古義真言宗と根来寺を中心とする新義真言宗があるし、それらの中でも智山派や醍醐派といったように、さまざまな派がそれぞれ独立した組織として存在する時代が長く続いてきた。さまざまな派に分立しているということは、真言宗に限らず他の多くの宗派でも見られる状況である。それが明治維新後になると、政府は一宗一管長、つまり分立する派を統合して一つの宗派にまとめる政策を打ち出した。これを受ける形で諸派は合同し、一八七九（明治一二）年に東寺を総本山とする真言宗が発足する。だが、歴史も組織も異なる各派がまとまるというのは、なかなか困難だったようだ。旧各派は再び分離独立を画策するようになり、結局、真言宗は解体され、再び各派が分立する状態に戻ることになった。

原口は、こうした流れの中で智積院を中心とする智山派を独立させる運動を展開した。真言宗智山派が独立を達成したのは、原口の死後一九〇〇（明治三三）年になってからのことになるが、その運動でも中心的な役割を果たしたという[49]。

こうした全国規模の活躍の一方、地元対策にも抜かりはなかった。三池は、智山派独立運動のためにたびたび京都に赴《おもむ》いていたが、そのたびに小学生にはノートと鉛筆、主婦には絹糸や針をおみやげとして配るなどして、成田住民の人心を掌握したという[50]。先に触れた檀徒総代の選挙制は、こうした門前町の住民からの支持を確固とすることで、自らの権力基盤を強化するという意図もあったのかもしれない。

こうして、住職としての三池は「新時代の文化を巧みに且速かに採択利用[51]」することで新勝寺の発展を図っていった。成田に鉄道を敷くというのも、こうした路線の一環と考えることは容易だ。明治時代における成田山新勝寺の大きな発展は、この三池照鳳とその前任者原口照輪、後任の石川照勤と、三代続けて「やり手」の住職が続いたことが大きかった。原口と石川がどちらかといえば学究肌だったのに対し、[52]三池は「豪放果断、政治的実行力に富[53]」んだ事業家肌がとくに際立っていた。そうした彼だからこそ成田への鉄道の導入を図ることができたのだろう。地元の金融機関である成田銀行の創立に際しても発起人に名を連ねるなど、[54]地元経済界の発展にも積極的に関与したのである。

成田山門前町の歴史を研究した平沼淑郎は、その歴史を次のように二つに区分している。

今成田の発達をその内容から観察して、二つの時期に分つことを得る。前期は元禄十三年から以降明治十年代に至るまで、後期は明治十六年以来現在まで丶ある。[55]

一七〇〇（元禄一三）年は、新勝寺中興の祖とされる照範が住職に就任した年である。歌舞伎とのコラボレーションや開帳の利用も彼のもとではじまったものであり、現在につながる新勝寺を実質的につくり上げたのも彼であった。一八八三（明治一六）年とは、三池照鳳が新勝寺住職に就任した年だが、平沼は成田山の歴史全体から見ても、三池住職時代を近代とそれ以前を分ける大きな画期と見ていたことがわかる。

新勝寺にとってそれだけ大きな役割を果たした三池にも弱点があった。健康である。体調を崩した三池は一八九四（明治二七）年一月に住職を退き療養生活に入ったが、一八九六年六月に死去した。四九歳であった。[56]だがそれでも三池が発起人総代となった下総鉄道は成田鉄道と改名し、一八九七

（明治三〇）年に佐倉―成田間で開業した。

「宗界の飛将軍」石川照勤

三池照鳳の跡を継いだのが、石川照勤である。石川は、一八六九（明治二）年に成田に近い城下町である佐倉に生まれた。その後僧侶の養子となり、一〇歳の時に得度した。智積院中学林や哲学館（現・東洋大学）で学んだあと、一八九三（明治二六）年に新義派大学林（現・大正大学）を卒業している。[57] 石川はそれまでの住職とは異なり、明治時代になってから生を享《う》け、近代的な学校システムの下で学んだ最初の世代の僧侶だった。

石川は、こうした近代的感覚を身につけていた一方で、先々代住職原口照輪を受け継ぐ教育家でもあった。石川が最も力を注いだのが五大事業（成田山感化院・成田中学校・成田高等女学校・成田図書館・成田幼稚園）と呼ばれる社会・教育事業だったのである。[58] ここに原口の影響があったことは想像される。

だが、同時に三池の敷いた「近代的手段の積極的な利用」という路線も数多く受け継いだこともたしかだ。そもそも石川を後継者に指名したのが三池だった。[59] 筆者は、僧侶の人事の実際についてはよく知らないが、二〇代の若者をいきなり大寺院の責任者に据えるような抜擢人事が一般的な世界ではなさそうだ。三池には人材登用のあり方にも型破りなところがあった。ともかくも、若くして新勝寺の住職に就任した石川は「宗界の飛将軍」という異名を取ることになったのである。[60]

石川が住職に就任した直後に勃発したのが、近代日本初の本格的対外戦争である日清戦争であった。実は、近代の新勝寺が発展を遂げていくうえで見逃すことができないのが、戦争との関わりである。創建自体が平将門の乱に関わっていた新勝寺は、歴史的に見れば戦争とは相性がよかったといえるかもしれない。一八九四（明治二七）年に日清戦争が勃発すると「戦捷祈願大護摩」を挙行するとともに、軍人や部隊の参詣が相次いだ。こうした状況は、日露戦争や日中戦争といったその後の戦争の際にも繰り返し見られた。そしてその都度、参詣した者が手柄を立てたとか、一命を取り留めたとかいったような霊験譚が広く流布されていった。[61]

石川自身も大本営に置かれていた広島に出向き、六〇〇〇枚もの身代わり御守や軍の病院に献金を行っている。日清戦争中に成田山が陸海軍に行った献金は当時のお金で一二〇〇円以上に上ったとされている。[62]

新勝寺と戦争との関係について、先に触れた平沼淑郎は次のように述べている。

或る人がかういふことを言つた。成田は何か大事変の起る毎に繁栄を増す。例へば日清日露両戦役の如き、また関東大震火災の如きがあると、その都度信者の数が加はつて門前の賑ひが旧に倍するといふ。[63]

石川照勤　『成田山史』より

戦争と宗教の深い関わりは、新勝寺に限ったものではない。他の仏教寺院や神社、さらにはキリスト教に至るまで、多くの宗教関係者が戦争に協力したことはたしかだ。だが、とりわけ近代の新勝寺は、時局と積極的に関わり、戦争や災害を経るごとに信者を拡大してきた。

4　鉄道が変えた成田参詣

さて、成田まで鉄道が開通したのは一八九七（明治三〇）年一月のことだ。その後上野から我孫子を経由する成田鉄道と、本所から佐倉を経由する総武鉄道の間で、参詣客輸送をめぐり熾烈な競争を繰り広げるようになる。[64] いずれにせよ、鉄道が開通することでそれまでに比べて格段に多くの参詣者が成田を訪れるようになった。[65] 開通から数年たった一九〇三（明治三六）年の成田駅の年間乗降客は五三万人を数え、千葉駅の四八万人を抜いて千葉県で一位となっていた。[66] 県都である千葉よりも成田山への客のほうが多かったのである。社寺参詣の需要が、当時の鉄道会社の経営に与えたインパクトの大きさを物語っている。

とくに、従来は毎年一〇月から一二月にかけては参詣者が少なくなり「霜枯」といわれていた。だが、鉄道開通が近づいてきた一八九五（明治二八）年は紅葉の季節も毎日数千人規模の人々が成田を訪れるようになったという。[67] 彼らの多くは新勝寺参詣を目的としていたが、同時に行楽を兼ねていたということが、このことからもうかがうことができる。

花園から成田山公園へ

一八九七（明治三〇）年に開業した成田鉄道は、新勝寺から一キロメートルほど離れた地点に成田停車場を建てた。成田駅を下車した乗客は、そこから徒歩なり人力車で新勝寺へと向かったのである。

鉄道が参詣を大きく変えたことのひとつに、一度に訪れる参詣者の数が格段に増えたことがある。[68] 鉄道が開通するまでの成田参詣客は、多くてもせいぜい二、三十人という単位でやってきていた。列車は一挙に数百人規模の単位で乗客を運ぶようになった。[69] それまでとは次元の違う単位の客が成田の町を訪れるようになったのである。

成田停車場ができたおかげで、それまで成田町で最も不潔な場所といわれたその周辺には、わずか数ヵ月で次々と建物が建ち並んでたちまち「別天地」の趣を呈し、[70]「花咲町」という新市街地ができあがったという。[71]

実際、鉄道が開通する前の一八八六（明治一九）年に約二〇〇〇人だった成田町の人口は、鉄道開通してから十数年後の一九〇二（明治三五）年には約四八〇〇人と[72]倍以上に増えている。成田には、江戸時代から門前町が形成されていたが、鉄道はその規模と形態を大きく変えていったのである。一九〇一（明治三四）年に成田を訪れた俳人雪中庵雀志は、当時の新勝寺門前町が賑わう様子を次のように描いている。

各宿屋飲食店等も立派な普請に成て、是へ出入する按摩、車夫、又は宿屋類の女中も皆福々で、

貯金銀行の得意と成をはった[73]

成田鉄道の開通で参詣客が格段に増えた結果、門前町で営業する宿屋や飲食店ばかりでなく、按摩師や人力車夫などの収入が大幅に増えていたのである。それが「寐て居て棚からぼた餅[74]」だったのかはともかくとして、成田鉄道が門前町に与えたインパクトが大きかったことは明らかだ。

一八九八（明治三一）年には鉄道開業後はじめてとなる東京での出開帳が開催された。だが、これを最後に東京での出開帳は開かれなくなる。[75] 江戸時代から明治時代前半には、江戸東京近郊の名所だとはいっても、訪れるには日帰りとはいかず三泊四日程度の日数を見ておかなくてはならなかった。当時は深川あたりから船で行徳に出て、船橋で一泊したあと、成田街道を歩いて夕方ごろ成田に着くという日程が一般的だった。[76] ところが鉄道の開通で、日帰りでも気軽に訪れることが可能になっていた。成田が大都市東京の郊外に組み込まれていく端緒となったのである。出開帳として事々しく行列を組んで東京入りせずとも、信徒のほうからこぞって成田を訪れる時代となっていた。

このような状況を受けて石川は、大量の参詣者受け入れの態勢づくりに取り組みはじめた。その代表的なもののひとつが成田山公園の整備である。

新勝寺では原口照輪が住職だった一八七六（明治九）年から境内の裏山に梅、桜、楓、萩等を植えて「花園」を設け、参詣者の目を楽しませていた。[77] その後、三池照鳳の時代の一八八七（明治二〇）年にも花園を約七四〇〇坪に拡張している。このように、新勝寺では参詣者を楽しませるための庭園の整備には以前から力を入れていた。

新勝寺のほかにも、近代に入ってから参詣者のため境内に庭園を造成する社寺が増えている。この手法をいち早く導入したのが伊勢神宮である。すでに触れたように、一八八六年から神苑会が中心となり、「神苑」という形で、境内の整備をすでにはじめつつあった。この後、明治大正期には全国の神社で神苑の整備が広く進められていた。新勝寺の花園も基本的にはこうした流れの延長に位置づけることができるだろう。とはいえ、その手法がまったく同じだったわけではない。

神苑会による伊勢神宮の神苑整備では、江戸時代から続いてきた館町と呼ばれる旧御師の自宅や店舗が建ち並ぶ雑多な空間

成田山公園　『成田山史』より

成田山花園より東和田村の望景　楊堂玉英画、千葉県立図書館菜の花ライブラリー

を取り払い、「神経症的なまでに潔癖」な空間をつくり上げた。[78]

これに対し、新勝寺の花園には、栗羊羹の売店、写真屋、占い師など雑多な商店が建ち並び、常に呼び込みの声が喧しいような空間が出現した。さらに芝居小屋、パノラマ館、動物園なども設けられるなど、[79]きわめて猥雑な空間が出現したのである。こうした傾向は、成田鉄道の開通によって促進されたと見ることもできる。

だが、成田鉄道開業後の一八九八（明治三一）年に新勝寺を訪れ、こうした光景を目の当たりにした作家徳富蘆花は「俗境久しく居る可《べ》からず」[80]と記しているように、当時からこうした状況に拒絶感をもつ人物がいなかったわけではない。蘆花は自然を好み、後にまだ辺鄙な農村だった千歳村粕谷（現・世田谷区）に移住するような人物だったが、当時こうした感性をもつ人物は例外的な存在だったのかもしれない。しかし三池は、こうした猥雑な空気を忌避するという一部の人々の志向をいち早くかぎとっていた。花園から成田山公園への移行は、彼の鋭敏さを示すものである。

移行のきっかけ自体は、鉄道の開通で新勝寺を訪れる参詣者が桁違いに多くなり、従来からの花園では対応できなくなったことであった。鉄道が開通し日帰りが可能になったことで、東京との関係が大きく変化していくことになったのである。すでに鉄道開通前の一八九六（明治二九）年には、成田が「将来東都の一大Suburbたるや疑なし」として、「郭外公園」を開設する必要性が唱えられるようになっていた。[81]

石川は日比谷公園を参考に成田における公園拡張整備を計画し、その設計を千葉県立園芸専門学校（現・千葉大学園芸学部）講師だった林脩己《のぶみ》に依頼した。[82]イギリスに留学して庭園学を学んだ林は、欧米の造園技術に通じた専門家であった。[83] 一九一八（大正七）年に始まった工事は一九二八（昭和三）年にようやく完成した。公園は寺院の境内にあるということを基礎としつつも、花園や森林などをめぐらせた「近代式公園」となったのである。[84] ここではかつて花園にあったような芝居小屋やパノラマ館は姿を消していた。こうして完成した成田山公園は、明治時代とは大きく異なる空間を出現させたのである。

宗吾霊堂と芝山仁王尊

新勝寺による一連の積極的な「集客」策の成功は、近隣の社寺参詣をいたく刺激したようだ。新勝寺から南西に約五キロメートル離れたところに宗吾霊堂がある。正式には鳴鐘山東勝寺という真言宗豊山派に属する寺院だが、一般的には江戸時代に将軍に直訴して刑死した義民佐倉宗吾（木内惣五郎）を祀《まつ》っているところから、宗吾霊堂と通称されている。

宗吾が刑死したのは、承応二（一六五三）年のことだが、禁を犯して処刑された重罪人である。当初から大っぴらに祀られていたわけではない。ようやく幕末の嘉永五（一八五二）年になって没後二〇〇年を記念し、宗吾の菩提寺東勝寺が境外仏堂として供養堂を創建したのが、実質的なはじまりだった。[85] 江戸時代には、寺の境内の一角に墓と祠が建っているというのが実態だったようだ。

ところが、明治時代に入ると状況が一変する。福沢諭吉が『学問のすゝめ』の中で佐倉宗吾を日本史上唯一の世界に誇るべき人物として称揚したのである。さらに明治一〇年代に入ると、全国で自由民権運動が盛んになったが、その中で民権家たちは、政府に正当な抵抗を行った「義民」として佐倉宗吾を広く宣伝するようになった。[86]

これを見逃さなかったのが、一八七五（明治八）年に東勝寺の住職に就任した田中照心であった。田中は、宗吾供養堂の拡張改築を計画して一八八七（明治二〇）年に完成させたのを手始めに、一八八九（明治二二）年には、宗吾と行動を共にした五人の名主を祀る五霊堂、さらに一九〇一（明治三四）年には宗吾霊客殿を完成させるなど、次々と境内に建物を整備していった。さらに一九〇二年一一月には宗吾二五〇年忌供養を行うなど、イベントの開催にも余念がなかった。宗吾霊堂の名が高まるのに比例して参詣者は増大し、他の近隣の名所と回遊コースに組み込まれていくことになったのである。[87]

その状況を見て、宗吾霊堂にも鉄道を敷こうと考える人々が登場するようになった。この計画では、東京市内の商人や自由党・政友会系の人物が中心となっていた。こうして一九〇五（明治三八）年一一月に設立されたのが、成田電気、その後の成宗電気軌道である。この電車は国鉄成田駅を中心に新勝寺と宗吾霊堂を結ぶことをめざしていた。

敷設申請の際に政府に提出した趣意書では「成田山不動尊ニ詣スル者必ス宗吾霊堂ヲ礼拝セサル者ナシ」[88]として、新勝寺と宗吾霊堂をセットで参拝するものとなっていることを強調している。成宗電軌の設立には、成田鉄道の時のように新勝寺も宗吾霊堂も直接には関わっていない。だが、宗吾霊堂の隆盛は、電車の敷設構想を誘発したことはたしかだ。

成宗電軌は、一九一一（明治四四）年一月に新勝寺門前を起点に成田駅前、新田、大袋を経て鳴鐘山東勝寺（宗吾霊堂）に至る全線が開通した。その際同社支配人は、次のように将来の目論見を語っている。

附近一帯を宗吾公園とする計画もあるから、吾社は其処に活動写真を設けて電車の乗客には無料で観覧せしめ、動物園には南洋から猿等も沢山連れて来て益々熾んにし、旅館の設備にも意を注ぐ考へである[89]

明治30年代の宗吾霊堂　『旅の家つと』より

鉄道会社が宗吾霊堂の周辺を行楽地として大々的に開発することで、参詣客のみでなく、行楽を兼ねた客を誘致することを狙っていたのである。とくに二つの寺院を電車が結ぶことで、ひとつだけでなく周辺の名所と合わせて回遊する客の呼び込みを狙っていたことは明らかだろう。

だが、電車の開通が二つの寺院にとって歓迎すべきことばかりだったのかというと、必ずしもそうとはいえなかった。電車開通直前の一九一〇（明治四三）年九月、宗吾霊堂は火災により境内の建物と門前町の大半を焼失してしまっていた[90]。電車建設用の作業小屋からの出火が原因だったので、電車がもたらした災厄だともいえる。田中はこれにもめげずに再び全国から寄進を募り、翌年一月には早くも仮本堂、さらに一九二一（大正十）年には焼失前を上まわる大きさの大本堂を再建している。[91] 住職である田中の力が大きかったことはたしかだが、宗吾霊堂の信仰圏がその間に拡大していたことも、大規模化を進めることができた大きな要因だろう。

新勝寺のほうにもやっかいな問題がもち上がった。成田鉄道が開通してから、停車場を降りた参詣者たちは、そこから一キロメートルほどの門前町を歩いたり、人力車に乗ったりして新勝寺に向かっていた。こうして彼らは門前町の土産物屋や人力車夫の懐を潤していたのである。ところが新たに開通した成宗電車は、成田停車場から門前町を迂回して、直接新勝寺の門前に出るというルートをとった。当然、それまで参詣客を新勝寺へと運んでいた人力車夫たちは大反対である。[92] 門前町の住民も成田停車場に近く新勝寺に遠い地区は反対し、門前に近い地区は賛成に回るなど、[93] 町の輿論は分裂した。実は新勝寺自体にとっては、門前まで直接電車が乗り入れることは、参詣者の増加につながるものであり、必ずしも反対するべきものではない。だが先に触れたように、新勝寺は他の大寺院よりも門前町との関係を重視してきた。[94]

新勝寺が悩ましい立場に追い込まれたことは想像に難くない。少なくとも、社寺と鉄道会社との関係は常に一致するとは限らないのである。成田鉄道の時とは異なり、新勝寺は成宗電軌に出資することはなかった。それどころか成宗電軌に出資しようとした町民に住職石川照勤が出資を思いとどまるよう説諭したという話もあるくらいだ。[95] 新勝寺にとって、成田鉄道の時とは大きく関わり方が異なっていたことはたしかだ。しかし成宗電軌の開通によって、東京からやって来る人々が、新勝寺と宗吾霊堂をセットで廻るというコースが定番として確立していったのである。[96]

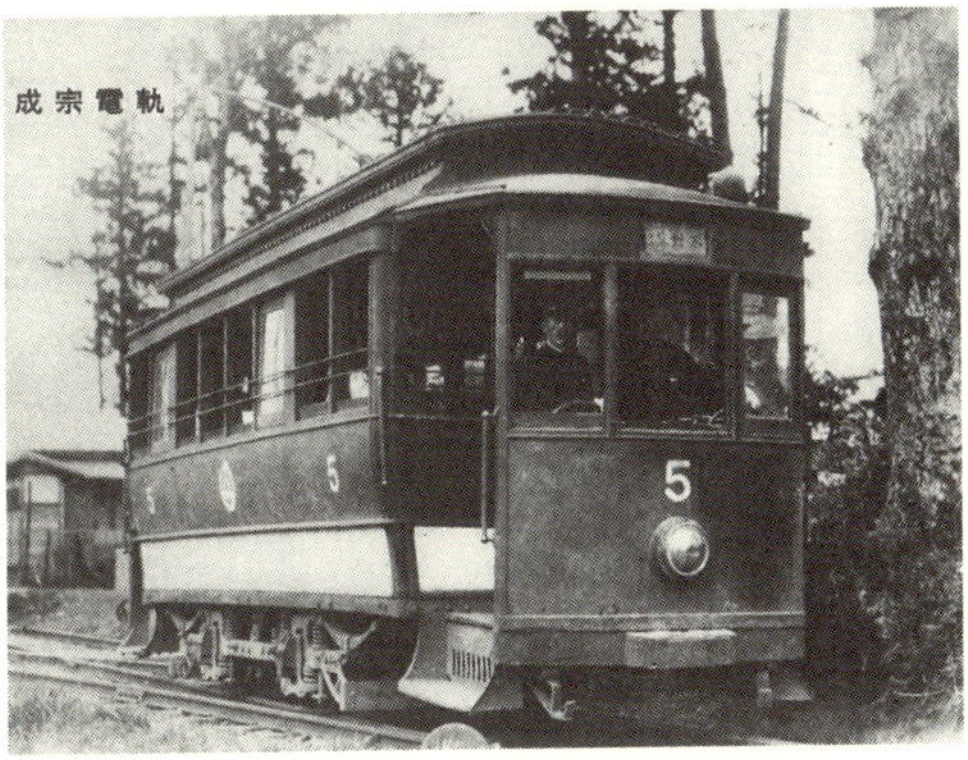

成宗電気軌道　『チンチン電車80年』より

実際、成宗電軌の開通で新勝寺とセットとなることで、宗吾霊堂は大きく発展を遂げたようだ。江戸時代の末期以降、佐倉宗吾の義民物語が広く知られるようになったのは、『佐倉義民伝』として、盛んに劇場で上演されるようになったことも大きかったという。実はこの『佐倉義民伝』が最も多く上演されたのが、成宗電軌が開業した後の一九一〇年代のことであった。[97]確かに、福沢諭吉や自由民権運動の闘士たちが称揚したことも宗吾霊堂の発展には貢献しただろうが、実際には、芝居の上演や電車の開通といった「世俗」的な要素が、社寺の発展にとって重要であったことがわかる。

堺利彦といえば、幸徳秋水とともに『共産党宣言』を翻訳した、古くからの社会主義者として知られているが、その一方で、こうした政治的立場とは一線を画したさまざまな文章を書いている。彼は電車の開通前と開通後の両方、宗吾霊堂に行った経験があるが、開通後行ってみると、宗吾霊堂がすっかり「不動さんに次いでの、遊覧場」となっていることに驚いている。宗吾霊堂駅を降りると、すぐに「ゴチヤゴチヤした茶店や売店の数々」が建ち並び、「俗悪の気がムットそのあたりに立てこめている」ようなありさまとなっていたのである。[98]

成田にとってもう一つの大きな画期が、京成電気軌道の成田開通であった。一九〇三（明治三六）年に東京押上と成田の間の路線を出願した京成電気軌道は、その名が示すとおり、当初から成田山新勝寺への参詣輸送を当て込んでいた。出願後、不況の影響で資金が集まらずに事業化が一時危ぶまれた際には、成田山新勝寺や中山法華経寺、柴又帝釈天題経寺といった沿線の寺院が支援に乗り出したこともあって[99]、何とか会社の創立にこぎつけた。また会社創立後も石川照勤が最大株主のひとりとなるなど[100]、社寺と深く関わっていた電鉄であった。とはいえ、実際に成田まで全通したのは、一九二六（大正一五）年一二月になってからのことだ。従来の成田線を使うと上野から約二時間かかっていたものが、京成の開通によって一挙に八〇分、さらには六〇分まで短縮されるとともに、本数も大幅に増えることになった。

新勝寺門前町の旅館業者は、公園の完成と京成電車の開通により宿泊客が大幅に増えることを期待した。鉄筋コンクリート造のホテルを建設するなど、受け入れ態勢の整備に躍起となった。だが、実際に京成が開通してみると、たしかに参拝客は増えたものの多くは日帰り客で、泊まり客は成田ではなく佐原の水郷などに足を延ばすようになった[101]。交通の改良が人々の動きの一層の広域化をもたらしたといえよう。新勝寺門前町の住民の当ては外れたのである。

このように、京成電軌の開通が門前町に利益をもたらすばかりではないことを、事前に予測するものもいた。京成側は成田乗り入れに際して、路線の終点を新勝寺の山門前まで延長することを目論んでいたが、これに対し、門前町の住民らは激しく反発し、千葉県知事を巻き込んで激しい反対運動を展開した[102]。多くの住民たちが京成電軌の成田駅が新勝寺の近くに設置されることに反対したのである。成田停車場の位置をめぐって、成宗電軌の時と同じような構造の対立が巻き起こったのだ。成宗電軌の時とは異なり、結局、京成は国鉄成田駅の近くに終点を設けることで決着したが、京成電軌の開通は、成田がいよいよ東京の都市圏に取り込まれはじめたことを象徴していた。

ここまで見てきたように、鉄道が社寺の発展に大きな役割を果たしたことはたしかだ。だが、社寺側と鉄道側の利害は常に一致するわけではない。社寺と鉄道をめぐっては、こうした利害の対立は、常に問題となる。成田の場合は、主に人力車夫や門前町の関係者が反対したが、こうした問題が生じる要因と構造はどこの社寺でも必ずしも同じとは限らない。

新勝寺のような参詣者を広く集めることが前提の社寺であれば、門前町に入れるかどうかが問題となる。それに対して、江戸時代までは基本的に広く参詣者を集めることがなかった寺社は別の問題も生じる。たとえば、比叡山延暦寺は天台宗の総本山として古くから有名な寺院だが、江戸時代までは多くの信者が参詣に押し寄せるような寺ではなかった。実際、当時の京都の名所案内などにもほとんど記されることがない。栄西や道元、法然や親鸞、日蓮といったいわゆる鎌倉新仏教の創始者はすべて比叡山で学んでいるように、基本的には修学の場だったのである。

その状況は、明治時代に入っても基本的には変わらなかった。事態を大きく変えるきっかけとなったのが、一九二一（大正一〇）年に行われた宗祖伝教大師御遠忌一一〇〇年記念事業であった。先に知恩院のところでも触れたが、明治に入ってからの御遠忌事業は、各宗が近代的な教団へと再編されていく大きな契機となっていた。天台宗の場合、意識的に行われたのが、本山延暦寺への参詣者の誘致である。それは、全国から数多くの信者を集めることで求心力の強化を図るという狙いも含むものであった。

誘致策の目玉のひとつが山上へのケーブルカーの敷設だった。ケーブルカーの導入は、参詣者を含めた多くの人々が比叡山を訪れるということでもあった。多数の参詣者が延暦寺を訪れることは、天台宗の教えをそれだけ広めるという効果もあったが、他方では山内が俗化するという懸念もあった。延暦寺ではその対応をめぐっても頭を悩ませることにもなったのである。[103]

芝山仁王尊と成芝急行電鉄構想

いずれにせよ、京成電軌が成田まで開通したことが、成田および新勝寺が大都市東京の近郊として取り込まれていく端緒となったことはたしかだろう。昭和に入ると、新勝寺は戦争や都市化の波に乗りながら拡張を続け、ついには全国でも有数の参詣者を集める寺院へと成長していったのである。

一方で、こうした流れに乗りきれない社寺も出てくる。千葉県山武郡芝山町にある芝山仁王尊（天応山観音教寺）といっても、その名も場所も知らないという読者も多いだろう。だが、その創建は奈良時代に遡るとされる由緒正しい古刹である。光仁天皇の時代、蝦夷征討に赴いた藤原継縄が、平定後芝山にやってきて国家鎮護のため十一面観音を祀ったという、縁起からいえば藤原秀郷が創建したとされる新勝寺に勝るとも劣らない。

江戸時代には火事・泥棒除けの祈願寺として庶民の信仰を集め、関東各地から訪れた参詣者のために門前には旅籠が並び門前町が形成された、という。江戸での出開帳も盛んに行っていることから、当時はかなりメジャーな寺院であったことはたしかだろう。

明治に入ってからも、一八七四（明治七）年、一八八五（同一八）年、一九〇七（同四〇）年に、東京での出開帳を実施している。とくに深川で行われた一八八五年の出開帳は、新勝寺、宗吾霊堂との共同開催であった。[104] 新勝寺と張り合っていたかどうかはわからないが、東京でも多くの信者を集める、かなり有力な寺院だったことはたしかだ。だが、明治三〇年代に入り成田まで鉄道が開通すると、次第に新勝寺との差は大きなものとなっていく。新興勢力である宗吾霊堂も、電車が開通したことで伸びてきたのは先に触れたとおりである。

芝山仁王尊は、江戸時代から人々の参詣を広く受け入れてきた寺院だ。鉄道が来ると境内が俗化するといったような理由で、その建設を忌避していたわけではない。むしろ積極的に参詣者を広く集めることに心を砕いていた。[105] 実際、明治三〇年代に入ると成田から芝山への鉄道が計画されるなど、[106] 交通整備の動きに無縁だったわけでもない。

芝山仁王尊自体も「各地至る所の巨刹名社、競ふて、汽車を布き馬車を設け、以て旅客の便に供す、本山豈に独り参詣旅客の為めに、この便利を図るに躊躇せさらんや[107]」と述べているように、鉄道誘致に肯定的な姿勢を示していた。だが、この時点で実現に向けた具体的な動きに結びつくことはなかった。その後の芝山仁王尊は「交通の機関備はらざる為め年毎に寂びれゆく[108]」状況に陥ったのである。

すでに見たように、その後大正時代にかけて成田山、宗吾霊堂とも大きく発展した。その状況を芝山仁王尊側がどのように見ていたのかは、想像に難くない。

転機が訪れたのは、大正時代の終わりになってからのことだった。一九二五（大正一四）年、根津嘉一郎や芝山仁王尊住職和田静貫ら一四名の発起人が、東京から成田を経て芝山方面に至る東京成芝電気鉄道を出願したのである。この鉄道は一九二七（昭和二）年一〇月には敷設免許を受けることができた。このあたりまでは、順調に計画が進んできたように見える。ところが根津らこの計画に関わっていた東京の資本家は、この鉄道の採算性に不安を抱くようになったようだ。そこで仁王尊の和田住職らはこの鉄道のうち、成田から芝山を経て松尾に至る区間の権利を譲り受け、その後、成芝急行電鉄と改称した。[109]

成芝急行電鉄は本社を芝山仁王尊内に置くとともに、一九二七年一二月の敷設認可祝賀式も境内で挙行するなど、寺側の前のめりの姿勢はめだっている。実際、住職の和田は芝山にも鉄道を誘致するため、自らは一枚の服も新調せず、東奔西走を続けたという。[110]

成芝急行電鉄「趣意書」の「成田に来たりし多数の賽客に以前の如く芝山にも併せて、参詣し得るの冥加福音を分たん」[111]ということばには、大きく水をあけられた新勝寺との差を少しでも縮めようとする、住職のいじましい心情がにじみ出ている。

またこの趣意書の中では、仁王尊の周辺に温泉を開発してホテルを建設するとともに、「一大遊園地」を造るという構想が明らかにされている。[112]やはり他の類似例と同じように、寺院を中心に都市部から客を呼べる参詣行楽地として開発することをめざしていたのである。

だが結局、芝山仁王尊への鉄道は実現することはなかった。戦後になって芝山鉄道という名の鉄道が開通しているが、これは成田空港の地元対策の色彩が強く、仁王尊の近くを通っているわけではない。現在、芝山仁王尊は、静かな環境に囲まれた落ち着いた寺院となっている。

「別院」戦略

さて、これまで見てきたように、成田山は江戸時代以来巧みな手法でその寺勢を拡大してきた。その手法の多くは、他の寺社によって模倣、応用されながら発展していくのだが、他の寺社ではその後もあまり見られないのが、各地に「別院」を開設してその勢力を拡大していくという手法である。

これは、先述のとおり江戸時代に江戸深川に「成田山御旅宿」と呼ばれる江戸出張所を開設したのがその発端だろう。これは当時新勝寺がたびたび開催していた出開帳の会場という性格もあった。

明治時代になると、別院は東京以外の地域にも拡大していく。「支店」網を張りめぐらせて、その勢力を拡大していくという手法だ。とはいえ、日本全国に満遍なく別院が展開できたわけではなく、大正の時点で関東地方一四ヵ所、北海道の四ヵ所、東北および静岡、愛知に各一ヵ所となっている。この分布から一目瞭然だがほとんどが「箱根以東」に位置しており[113]、西日本への進出は遅れていた。そもそも新勝寺が江戸という都市を前提に発展したことや、関西地方には古くからの有力寺社が多く、成田山信仰は馴染みのない存在だったということなどが、西日本進出を難しくしたのであろう。

新勝寺としてもこうした状況に満足していたわけではないようで、明治三〇年代には大阪市と呉市に教会所を創立している。だが、いずれも長続きはしていない[114]。関西地方は新勝寺にとって攻略すべき未開拓地であった。ところが、ひょんなことから転機が訪れることになった。

一九二七（昭和二）年四月に、田辺真弘という人物を中心とした関西地方の信者が、成田山大阪別院を香里園に建立することを企画し、京阪電鉄に協力を依頼してきた[115]。田辺は、当時大阪府知事だった田辺治通の実弟である。田辺らの申し出を受けた京阪電鉄はこの構想を後援することにし、新勝寺に対して正式に申し入れを行っている。京阪としては他社に後れを取っている不動産経営の挽回や成田不動尊の験力への期待から別院建立への協力を決めたという。[116]

京阪が香里園に成田山別院を誘致したのは、ここが大阪の鬼門の方角に当たることから鬼門封じの役割を狙っていたという説がある。[117] こうした説を裏づけるような同時代の史料は、残念ながら筆者が知る限りでは確認できない。だが、京阪電鉄が、郊外開発の過程で成田山別院のような宗教施設の立地を重視していたことはたしかだ。別院建立の要望を受けた新勝寺では、本山総代らが現地を視察するなど検討を重ねた結果、一九三〇（昭和五）年五月に大阪別院を香里園に建立することを正式に決定した。[118]

大阪別院を設置することになった香里は、京阪電鉄沿線の京都府と大阪府の境界近くに位置し、現在は寝屋川市に属する丘陵地帯である。もとは大阪府北河内郡友呂岐《とろき》村大字郡という地名であったが、一九一〇（明治四三）年の京阪電鉄開通に際して、設置する新駅には「郡《こおり》」をもじり「香里《こうり》」の字が充てられた。当初は駅だけが建てられたが、そのうち村の有力者南平吉が京阪電鉄に、地元の村の神社である友呂岐神社の附属地六〇〇〇坪の売却をもちかけ、当時の京阪電鉄取締役だった桑原政はこの話に飛びついた。「一大遊園を造つて、会社自ら経営しよう」と考え、重役会の十分な了解をとらずに周囲の土地を合わせて三万八〇〇〇坪を購入したという。[119]

こうして、京阪電鉄が経営する香里遊園地が誕生した。この遊園地は、他に先がけて菊人形祭を開催するなどしたが長く続くことはなく、京阪電鉄は遊園地を枚方に移し、跡地を住宅地として開発した。[120]

そうした最中《さなか》にもち上がってきたのが、成田山別院の誘致話だったのである。京阪の社内では住宅地として開発中の地域に寺院を建てるということに対する懸念の声もあったというが、社長であった太田光凞らが積極的な姿勢を示したという。[121]

ここで登場した太田という人物は、奇しくも本章の前半で取り上げた参宮鉄道設立の立役者太田小三郎の養嗣子である。東京帝国大学卒業後、逓信省鉄道作業局を経て京阪電鉄に入社していたのである。[122] こうした出自が影響したのか、宇治山田で市内電車を経営していた三重合同電気を京阪の系列下に収めたり、朝熊山のケーブルカーである朝熊登山鉄道の大株主になったりと、伊勢参宮をめぐる交通機関に太田は深く関わっていた。

創建当初の成田山大阪別院　『成田山史』より

京阪電鉄は土地や建物を寄進することで大阪別院の建立を援助した。[123] 京阪としては、住宅地としてだけでなく参詣地としての性格を付与することが、経営上プラスになると判断したということであろう。

成田山大阪別院明王院は一九三四（昭和九）年に建立されたが、いうまでもなく京都と大阪を結ぶ京阪の沿線には多くの有力社寺がひしめいている。成田山大阪別院は、そうした強力なライバルが多数存在する真っ只中に殴り込みをかけたのである。とりわけ別院関係者が当初から競争相手と看做していたのが、石清水八幡宮や伏見稲荷大社だった。[124]京阪沿線の中でも両社とも古くから全国的に知られ、多くの参拝者を集めていた神社だが、大阪別院は当初から強気の姿勢で臨んだのである。

成田にある新勝寺は、平将門追討をきっかけに創建されたということもあり、古くから戦いの守護神としての性格があった。大阪別院も結果としてそうした流れを受け継ぐことになった。一九三七（昭和一二）年に日中戦争が勃発すると「武運長久の神」としての性格を前面に押し出し、出征軍人らが数多く参拝に訪れるようになったのである。[125]

また、戦争が激しくなってくると、輸送力が不足しているとか決戦下に遊興に現《うつつ》を抜かすのは不謹慎といった理由で多くの行楽が制限された。だが、戦勝祈願を名目とする大阪別院参拝は、電鉄会社が力を入れてＰＲすることのできる数少ないスポットとなった。[126]そうしたこともあって、戦時期に大阪別院はその発展の基礎を固めることができたようだ。さらに戦後になると、いち早く自動車交通安全祈禱をはじめるなど、[127]時代の趨勢を先取りする形で寺勢の拡大を続けていった。そして、大阪別院の成功を見た新勝寺は、その後名古屋鉄道の協力を得て、沿線の愛知県犬山市に名古屋別院を創建するなど、[128]同じような手法で別院を展開するようになったのである。

第二章

寺門興隆と名所開発

——川崎大師平間寺と京浜電鉄

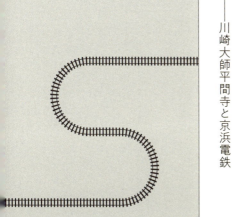

前章で見た成田山新勝寺と成田鉄道との間は、基本的に一九世紀的な蒸気鉄道によって結ばれたものであった。二〇世紀に入ると、大都市化がはじまるのと対応するかのように、電気鉄道が市街地と郊外に展開しはじめるようになった。

先にも触れたように、当初、郊外へと路線を展開した電鉄の多くは、社寺参詣などへの遊覧電車であった。東京周辺で、最初に電鉄として出現したのは、一九〇一（明治三四）年に開業した京浜電気鉄道（現・京浜急行電鉄）である。京浜電鉄は、当初、大師電気鉄道という名前で発足した。「大師」とは、川崎大師平間寺である。やはり社寺への参詣電車としてはじまったのだ。

川崎大師は、江戸時代から江戸の近郊の参詣行楽地として発展した寺院であり、京浜電気鉄道はその参詣と結びつく形から、都市鉄道へと変貌を遂げていったのである。そうした意味で川崎大師をめぐる鉄道を検討することは、都市―電鉄―社寺の関係を比較的ストレートに見ることができるともいえる。

1　江戸の近郊参詣空間と川崎大師

江戸時代前半までは無名だった

江戸時代の川崎というと、東海道の宿場として知られていた。だが、周辺には当時の江戸市民が行楽に訪れる名所が数多く点在していた。

名所ということばはもともと「ナドコロ」、つまり由緒のある場所のことを指していた。古代・中世以来、歌枕として詠まれたり、歴史的な故事にまつわるところが名所として位置づけられてきたのだ。[1]ところが関東では、こうした古くからの由緒をもつ名所は決して多くはなかった。しかし、江戸が都市として大きく拡大していく過程で、神社仏閣を中心として、新たな名所が形づくられていったのである。[2]

増えていく新名所を紹介する名所案内、つまりガイドブックも数多くつくられるようになった。その中でも神田の町名主斎藤幸雄、幸孝、幸成の三代が三〇年以上をかけて完成させた『江戸名所図会』は、名所案内の集大成ともいえるものである。この本は江戸という名前こそついているが、その対象とする範囲は従来の江戸の市街地だけにとどまるものではなかった。その周辺地域、つまり郊外の名所も数多く収録している。もちろん、それまでの名所案内でも江戸の外側が収録されていることはあったが、『江戸名所図会』では、大幅にその範囲を拡大していた。たとえば西側では、現在横浜市に属する三浦半島の金沢八景あたりまでも含んでいた。近世後半の江戸に住む人々の行動範囲、つまり郊外空間はそれだけ拡大していたことを物語っている。

とりわけ川崎大師は、江戸時代後期に江戸の住民の行楽空間が拡大する中、郊外の参詣行楽地として地域を代表する名所となっていった。だが、川崎大師は当初からこうした地位を確立していたわけではない。

川崎大師として知られる平間寺は、開創こそ平安時代に遡るとされているが、実は江戸時代の前半までは、それほどメジャーな寺院ではなかったようだ。それが一八世紀に入ると、積極的に宣伝を展開し、次第に厄除けにご利益のある寺として、認知されるようになっていった。

画期となったのは、一一代将軍徳川家斉の参詣だ。時の将軍が訪れたことで、江戸市民に知られるようになり、江戸近郊の有力な参詣地としての地位を築いた。[3] 江戸から、池上本門寺などを経て川崎大師などをめぐる参詣コースが形づくられるようになっていったのである。

江戸からの参詣コースに取り込まれることで急成長を遂げたという点で、先に見た成田山新勝寺とも状況は似ているが、より近いという点で、成田よりも江戸・東京の影響をより受けやすい位置にあった。

2 鉄道開業と名所開発

宿場から鉄道駅へ

明治維新後の廃仏毀釈の風潮や寺領の上知といった逆風は、川崎大師にもそれなりに困難をもたらしたようだが、寺の存続に関わるほど深刻でもなかったようにも見える。二万一千石もの領地を上知されて困窮していた高野山を救うために、一八七三（明治六）年に平間寺が主導して東京で出開帳を行っているのだ。[4] 高野山の世話をできるくらいのゆとりはあったようだ。

一八七二（明治五）年に新橋—横浜間に鉄道が開業したが、その際中間駅のひとつとして川崎駅が設置された。いうまでもなく、新橋—横浜間鉄道が直接めざしていたのは、首都である東京と貿易港である横浜を連絡することにあり、途中の地域の動向に関心が払われた形跡はほとんどない。だが、実際に鉄道が開業すると、沿線の地域にも大きな影響を及ぼしていった。

とりわけ、停車場が設置された川崎はそれが顕著だった。川崎宿は江戸時代を通じて東海道の主要な宿場として栄えてきたが、駅ができることで泊まったり休憩したりする人たちは少なくなり、宿場としては衰退していくようになった。[5]だがその一方で、川崎大師にとっては鉄道の開通は大きなチャンスともいえた。

明治初期に各官庁から太政官に出された書類をまとめた『公文録』（国立公文書館蔵）の中に、壬申の年、つまり一八七二（明治五）年の九月二〇日に工部省から次のような報告がなされたという記事がある。

> 毎月廿一日川嵜大師縁日ニ而殊ニ当月ハ月柄ニ付旅客数多有之為試列車発車之度数相増朝第七字ヨリ暮六字迄毎一字間発車取行申候此段御届申候也
> 壬申九月廿日　工部少輔山尾庸三
> 正院御中[6]

新橋—横浜間の鉄道が公式に開業したのは「一八七二年一〇月一四日」だから、この日付が現在では「鉄道の日」となっている。なので、「九月廿（二〇）日」とあるこの報告は鉄道開通前のもののように見える。だが、ここで注意しなければならないのは、鉄道の日である「一〇月一四日」は太陽暦に換算した日付ということだ。太陽暦が導入されたのは一八七三（明治六）年からなので、この時点ではまだ太陰太陽暦が使用されていたのである。太陰太陽暦に換算すると「明治五年九月一二日」となる。したがって「九月二〇日」付のこの報告は、実際は鉄道開業の約一週間後にされたものということになる。

さて、毎月二一日は川崎大師の縁日なので、この文書が作成された翌日は、鉄道の正式開業後はじめての縁日ということになる。そこで朝七時から夕方六時まで、つまり日中は一時間ごとに参拝者輸送のための臨時列車を運転するということを報告した史料であることがわかる（なお、ここでは時間を表すのに「時」ではなく「字」が使われているが、明治時代の初めには、江戸時代の不定時法による「何《なん》時《どき》」との混同をさけるために、「字」を使ったり、「第〇時」のように「第」をつけたりすることが少なくなかった）。鉄道開業のまさに直後から川崎大師への参拝者のための臨時列車が運転されていたわけだ。

住職・深瀬隆健の「寺門興隆策」

鉄道開業の八年後、一八八〇（明治一三）年に深瀬隆健が平間寺の貫主（住職）に就任した。深瀬は、天保二（一八三一）年に川崎大師の地元の町で生まれ、一二歳の時に入門して以来、京都の智積院などで修行を積んできていた。平間寺の住職に就任したのは五〇歳の時だった。[7]

川崎大師は明治時代に東京近郊の参詣地として大きく発展するが、その基礎となる「寺門興隆策」[8]の多くは深瀬住職時代に取り組まれたものだ。近代における川崎大師発展の基礎はこの深瀬によるところが大きい。

深瀬は住職に就任すると、川崎大師発展のための手を次々と打ち出す。手始めにまず取り組んだのが、境内にあった墓地を移転させて平間寺の敷地を大拡張することだった。一八八二（明治一五）年のことである。[9] さらに隣接する田畑を購入し、約二七〇〇坪だった境内の面積は、一挙に約九六〇〇坪まで大きく拡がった。[10]

境内の拡張は弘法大師一〇五〇年御遠忌に合わせて実行されている。新勝寺の項でも触れたが、近代仏教界ではこうした開祖の御遠忌行事が宗派ないしは寺院に対する求心力をアップする装置となっていた。川崎大師の場合もこうした手法に沿ったものだった。

次に取り組んだのが一八八四（明治一七）年の「大師公園」の開発である。これは境内に隣接する土地に池を築造し、この池を中心に参詣者の目を楽しませる庭園を整備したものであった。[11]「公園」と称してはいるが、公営のものではなく、あくまでも平間寺が一般向けに開設した遊園である。現在も川崎大師の少し南側に大師公園という公園があり、中国風の庭園や野球場、プールなどがあるが、これはこの平間寺が開設した大師公園をもとに、戦後川崎市が設置したものだという。[12]

深瀬隆健　『川崎大師平間寺近現代史』より

この大師公園という「遊園」は、現代のような遊具施設があるわけではなく、池を中心とした庭園だったが、こうした遊園は、明治時代川崎に限らず、東京周辺でも各地に点在していた。たとえば大森にあった八景園や大井町の土佐山遊園など、東海道沿道の現在の品川区、大田区には、こうした施設が点在していた。多くは明治時代になってからつくられたものだったが、中には江戸時代から続くものもあった[13]。

京浜急行の蒲田駅の隣に梅屋敷という駅があるが、近くにある同名の遊園に由来している。この地も江戸時代末から明治時代にかけて梅の名所として大きく発展していた。明治の初めには梅を見物するために明治天皇が訪れたこともあるほどだ。現在では電車の窓から小さな公園があるのが一瞬見えるだけだが、これは幾度にもわたる道路拡張などで敷地が削り取られていったためだ。近年、高架化工事で再び敷地がさらに削られてしまい、猫の額のような面積になった。しかし今のところはこういう形でも郊外の梅の名所であった名残がかろうじて残っているのを目にすることができる。現在、国道一五号線の拡幅事業が進んでいるので、近い将来にはさらに敷地がやせ細っていくことになってしまうのかもしれない。

寺院に隣接して「公園」と称する遊園を寺院が建設するのは、前章で見た成田山新勝寺による成田山公園など、他にも例を見ることができる。成田山公園の本格的な開発は、大正時代に入ってからのことなので、大師公園はそうした開発の先駆け的な存在だったと見ることもできる。

こうした努力が実ったのか、川崎大師の参拝客は増加していく。「平間寺をして世間に光景の遜色なく、誇称するを得たるは全く公園設置の賜なり」[14]と、のちに川崎大師の寺史でも、この公園設置が参詣者をひきつけるうえで大きな画期となったことを認めている。この深瀬和尚のもとで川崎大師は近代的な参詣行楽地へと変貌を遂げていったのである。

参詣者を迎え入れるための、巨大な山門の建立も着手された。この山門は深瀬退任後の完成となったが、その基礎は彼の在任中に固められている。[15] さらに、一八八九（明治二二）年に新たな山門建設を発起（一九〇一年完成）するとともに、翌年には成田山から不動堂を勧請するなど、境内の整備もどんどん進められた。[16]

「初詣」の先駆け

いかに境内に建物を建て、周囲に庭園をつくって、参詣者の受け入れ態勢を整えたところで、そこへ行くための道が整備されていなければ片手落ちである。川崎大師の参詣者が増加したことで、縁日の日には参詣道が人や人力車であふれるような状態となっていた。[17]

そこで深瀬は、一八八九年三月に川崎から大師までの新たな参詣道、いわゆる大師新道を、二万円という当時としては巨額の資金を投じて整備している。この道は単に参詣者の通行のためにつくられたわけではない。実は、多摩川が氾濫したときに堤防の代用となる役割も兼ね備えていた。深瀬は、この事業を弘法大師が取り組んだ満濃池の改修事業になぞらえ、その功を誇っている。さらに、沿道に数千本もの桜を植えて、それ自体が名所として多くの人々をひきつけるようにもした。[18] 大師新道は、参詣者の交通路というだけでなく、堤防さらには名所としての機能も兼ね備えた、まさに一石三鳥の事業であった。いずれにせよ、新たな参詣道を整備することで、平間寺はより多くの参詣者を迎え入れる態勢を整えていったのである。

川崎大師は、近世の後半に江戸市民の参詣地として急成長を遂げたわけだが、その時点で門前町らしきものもすでに形成されていたようだ。しかし、現在も川崎大師門前に数多いくずもち屋で、創業

川崎大師境内　『風俗画報臨時増刊 東京近郊名所図会第12巻』（1911年５月20日）より

を明治二〇年以前に遡る店が基本的にはないということから見ると、本格的な発展を遂げてきたのはこのころ以降と考えたほうがいいだろう。なお、川崎大師のくずもち屋は、次々章に登場する本門寺のある池上で修業して伝えたことが、そのはじまりだったという[19]。

川崎大師といえば、現在「初詣」では首都圏でも有数の参詣者を集めることで知られている。この新年に神社仏閣に参詣する初詣という行事は、古来より連綿として続く伝統行事というわけではない。近年の研究ではせいぜい明治二〇年代以降見られるようになった習慣だったことが明らかとなってきた。他の社寺に先駆けて、いち早くこの初詣という行事が定着していくことになったのもこの川崎大師だった[20]。現在、東京の周辺で初詣客を数多く集めているのは、この川崎大師と前章で見た成田山新勝寺だが、この分野で他の社寺に抜きんでた存在となったのは、決して偶然ではなく、両寺の努力による結果だと見ることもできる。

3　大師電気鉄道の誕生

明治30年代の川崎大師　『旅の家つと』より

路面電車と郊外電車

一八八〇（明治一三）年から住職を務めてきた深瀬隆健は、一八九七（明治三〇）年にその職を退いた。住職としての深瀬は「日夜寺域の拡張、伽藍の増築等に勇猛奮進」[21]したとされているように、彼の時代の平間寺は、伽藍や大師公園、大師新道の整備が進み、東京近郊の一大参詣行楽地としての地位を確固たるものにした。

深瀬は囲碁の名手でもあったが[22]、こうした一連の事業も彼なりの緻密な計算のもとに行われていたことは想像に難くない。彼が住職を退いた後も、翌年七月には別格本山に昇格[23]し、同年一一月には山門が落成するなど、その在任中に取り組んだ課題が具体的な成果を見せるようになっていた。

参詣者に対する積極的な「サービス」も当時の川崎大師の大きな特徴であった。現在、川崎大師の本尊「厄除弘法大師」は、基本的に一〇年に一度しか開帳されない「秘仏」となっているが、明治時代には、一定の賽銭を奉納すれば参詣者の求めに応じて、日に何度でも開帳していたようだ。こうした努力のかいもあってか、明治末期には、一日に授与するお札は多い時で五〇〇〇余枚に達していたという。[24]

こうした平間寺の動きと並行するかのように、川崎大師周辺では参詣行楽地としての整備が進んでいた。そこで、このころから川崎大師周辺をめぐる数多くの電車計画が生まれていくようになったのである。

蒸気鉄道というのは、一九世紀の後半に日本に入ってきた時点で、すでに欧米を中心に数十年にわたる歴史をもち、すでにそれなりに完成されたシステムとなっていた。これに対して電気鉄道は、この時期まだ開発されてほどなく、欧米諸国でもまだ発展途上にあった。日本で電気鉄道というシステムがはじめて実際に走ったのは、一八九〇（明治二三）年に東京上野で開かれた第三回内国勧業博覧会の会場であった。ただしこの時点では、博覧会で紹介される「未来の乗り物」といった位置づけで、実際にどこかに敷設して営業運転をはじめるという代物ではなかった。つまり、まだ海のものとも山のものともつかない状況だったわけだ。

その後、電気鉄道は日本でも実用化に向けた動きが急速に具体化する。一八九五（明治二八）年に開業した京都電気鉄道を皮切りに各地で急速に電気鉄道の敷設が進んだ。続いて明治二〇年代後半には、東京とその周辺でも電気鉄道計画が乱立する。そして電気鉄道が実際に東京市で開業したのは、一九〇三（明治三六）年のことであった。これがその後、東京市に買収されて東京市電、そして東京都電となっていくのである。

現在では、都電のような路面電車と京浜急行のような郊外電車とは、その形態や機能において明確な差があるが、実は明治時代には両者の境界はあいまいなものだった。市街地を走る路面電車と郊外や都市間を走る高速電車は、両者は当初から明確に分かれていたわけではなく、東京や横浜市内を走る電車がそのまま郊外へと路線を延ばしていくというような計画が数多く存在した。つまり、この時代には、まだ小さな電車が一両だけで走るという姿だったので、市内であろうと郊外であろうとそのままお構いなく走りまわるという姿が一般的だったのだ。それが、大正時代に入るころになると、次第に機能や役割が分かれていくこととなる。

現在も残っている例でいえば、高知県に土佐電気鉄道（現・とさでん）という明治時代から走る私鉄があるが、これは高知駅前やはりまや橋のような市街地の路面を走っていると思えば、そのまま郊外の田園風景やガソリンスタンドの横をそのまま走っている。現在こそこういう形態は少なくなったが、実は、明治時代には市内電車も郊外電車も区別がないという形態が一般的だった。

競争と政争

電気鉄道は、京都などでは明治二〇年代後半以降に実用化されはじめていたが、東京や横浜については、利害関係が複雑なうえ、都市の規模が大きく路線網が大規模になるため、なかなか基本的な方針がまとまらなかった。民営で行くのか公営で行くのかということを含めて、どういう方針で免許や特許を与えるなどするのかという、基本的な枠組み自体が固まっていなかったのである。政府の中でも、電気鉄道というそれまでにない新しい都市交通システムを具体的にどのように展開していくのか、その基本方針がまだ白紙の状態だった。

東京と横浜ではさまざまな計画が乱立し、敷設が多数出願される。横浜や東京の実業家を中心に計画された横浜電車鉄道が、横浜―川崎―大師河原間での敷設を出願し、これに対し立川勇次郎らが川崎で宿屋を経営していた田中亀之助を勧誘して川崎・大師河原間を川崎電気鉄道として出願。両者は一部で競願状態となった。

東京、横浜の有力者を発起人に加えていた横浜電車鉄道は資本面で有利だったが、川崎電気鉄道も日本における電気事業のパイオニアであった藤岡市助を設計者に迎えて技術面で優位に立つことで巻き返しをはかった。藤岡は東京電燈株式会社の創業者であったが、工部大学校や帝国大学助教授を歴任していた、当時の日本における電気研究の権威でもあった。

その後両社は政府の示唆により合同し、川崎電気鉄道が大師電気鉄道と改称して川崎―大師河原間の敷設特許を受けた[25]。こうして大師電鉄は一八九九（明治三二）年に関東地方で初の電気鉄道として開業にこぎつけた。これが京浜電気鉄道と改称し、次第に京浜間の輸送を担う交通機関として成長していった。

ここで押さえておくべきポイントは、設立に至るまでの複雑な流れの背後には、当時の東京市内及び周辺での電気鉄道敷設をめぐる議論と政争があったということだ。前述のとおり、明治三〇年前後の東京では多くの市街電気鉄道計画が政府に出願されていた。これに対して、政府は民営で運営する方針を固め、多くの計画の中から三社を選んで敷設の特許を与えた。こうして、一九〇三（明治三六）年、東京電車鉄道、東京市街鉄道、東京電気鉄道の三社によって東京における電車の運転がはじまったのである。これが数年後には一社に統合され、さらに一九一一（明治四四）年には東京市が買収して東京市電、さらには東京都電へと発展していった。

と、このように書くとすんなり事が運んだように見えるが、現実には、政府は東京の市内交通をどのような形態で運営していくのか、なかなか方針を決められず、その間に多くの計画が乱立していた。

それらの中には純然と東京の市内交通だけを担うことを想定していた計画もあったが、多くは東京の郊外や横浜方面にまで路線網を展開することを考えていた。後の時代になると、東京市電は東京市内の交通を担うことが当然の前提となっていくが、民営の場合は、こうした行政の区分に関係なく、市街と郊外を直通させるような計画も数多く立てられていたのである。[26] だから、横浜における電車の計画も東京の動向に大きく影響を受けざるを得なかったのだ。ここまで名前の出てきた立川勇次郎や藤岡市助といった人物は、当時の東京の市街鉄道計画にも深く関わっていた。

川崎で旅館を経営する田中亀之助のような地元の人間も関わっていないわけではなかったが、基本的には、鉄道計画は外部の実業家たちが主導するものであった。川崎や川崎大師に関わって計画された鉄道は、この他にもたくさんあったが、多くの場合そのまま東京や横浜の市街地に接続し、乗り入れることを想定していた。つまり、大師電鉄は当初から川崎大師への参詣輸送だけにこだわって計画されたわけではなかった。実際、まず川崎大師への路線を実現してみることで、東京の電車敷設に煮え切らない態度をとる監督官庁の目を覚まさせるという意図もあったようだ[27]。

だが当時、川崎大師へ向かう路線が数多く計画されていたこともたしかで、参詣客の輸送が確実に需要と利益を見込めたことを示唆している。大師電気鉄道は、一八九九（明治三二年）一月に六郷橋―大師間が開通し、関東地方で最初の電気鉄道となった。その名前が示すとおり、当初は参詣輸送をその主眼に据えていた。京浜電気鉄道と改称した同社が次に進出したのは、川崎大師から見て多摩川の対岸に位置する穴守稲荷への路線だったことからも、この時期には社寺への参詣客輸送は、現代から見ると想像できないくらい大きなウエイトを占めていたことがわかる。穴守稲荷への路線が開通した後の、一九〇二（明治三五）年一〇月一七日、大師電気鉄道から名を改めた京浜電気鉄道は、開業式を挙行するが、その会場は川崎大師平間寺の境内であり[28]、初期の同社がいかに社寺と深い関係をもっていたかをうかがうことができる。

4　京浜電気鉄道と大師公園

電車の観桜花ノトンネル

さて、大師電気鉄道が開業したことで、川崎大師とその周辺では、以前にもまして行楽地としての開発が進むようになる[29]。なお、先ほども触れたが、大師電鉄は開業後ほどなく、京浜電気鉄道と名称を改めていた。

名前を京浜電鉄に改めてからも、依然として川崎大師とその周辺の行楽地としての優位性を前面に押し出していた。次に見るのは、一九〇〇（明治三三）年四月一一日に横浜貿易新聞に掲載された京浜電鉄の広告である。

大師電気鉄道花のトンネル　『京浜電気鉄道株式会社沿革』より

「電車ノ観桜花ノトン子ル」〔広告〕
一川崎ヨリ大師ニ至ル数十丁ノ堤上ハ両側ニ桜樹ヲ列シテ今ヤ満開風景絶佳ナルコト向島、小金井ニ劣ラザル京浜間近郊ノ第一観桜地タリ
一京浜電気鉄道ハ此間ニ複線軌道ヲ敷設シ絶間ナク発着、車内ヨリ之ヲ眺ムレバ恰モ「花ノトン子ル」ヲ通過スルノ感アリテ其快譬フベカラズ
一大師平間寺ハ庭園広潤ニシテ梅桜枝ヲ交ヘ奇石珍木池ノ周囲ヲ包ミ加フルニ昨今鶴孔雀金鶏其他諸禽ヲ飼付ケ閑静秀逸ニシテ最モ散策ニ適ス
一川崎停車場《カ》近傍京浜電気鉄道切符売場ニ就テ人力車ト電気鉄道ノ聯絡切符ヲ購《カ》ヘバ徒歩ノ労ナクシテ大師ニ至ル其聯絡切符ハ並等五銭上等十四銭ナリ

一京浜電気鉄道会社ハ此一刻千金ノ観桜兼参詣客ノ利便ヲ謀リ大師停車場ニループヲ新設シ電車ノ発着回数ヲ増加シタリ[30]

現在の大師線は、川崎駅を出ると専用軌道を走っているが、当初は明治二〇年代につくられた「大師新道」の路面を走っていた。先に述べた平間寺が参詣者のために整備した道路だ。ここには桜並木が植えられ、四月には満開の花が咲き乱れていた。電車はその桜のトンネルの中を走っていたわけで、京浜電鉄はこれ自体を「桜のトンネル」として、客寄せの大きなアピールポイントとしたのである。さらに終点の川崎大師でも庭園や禽獣園があることを強くアピールしている。

なお、この広告の最後にある「ループ」というのは、終点で折り返す時に電車がループ線を使って方向を転換させるという仕組みのことだ。実は日本でも電車が走りはじめた初期には終点にループ線をつくって折り返していたところが多い。ただ、運転台が片側にしかついていないので、逆方向に動かすことができないというデメリットがある。そのためか、その後急速に廃れていった。ただし、現在でもヨーロッパのトラムは、こうしたループ線をもっているところが多い。

さて、大師電気鉄道から改称した京浜電気鉄道は、明治二〇年代から懸案となっていた京浜都市間連絡を推進することをその名で示したわけだが、実際に優先したのは、京浜都市間連絡よりも羽田への路線建設（現・京浜急行電鉄空港線）だった。実は同社では、大師線が開業する前から第二期線として羽田への路線を計画していた。[31]

羽田とは、川崎大師から見て多摩川を挟んだ対岸の地域のことだ。もちろん、このとき羽田空港は影も形もなかった。では、なぜ羽田への路線建設を急いだのか。羽田には穴守稲荷という神社があり、この時期川崎大師と同様に東京郊外の参詣地兼行楽地として、数多くの人々を集めていたからである。穴守が郊外行楽地として急速に発展してくると、対岸の川崎大師周辺の開発も再び活性化していくことになった。

庭園・運動場・温泉・パノラマ館

大師パノラマ館　『風俗画報臨時増刊 東京近郊名所図会第12巻』より

平間寺がまず手をつけたのが、大師公園の大拡張であった。新たに開通した京浜電気鉄道と組んで、その整備を行ったのである。[32]公園には護摩祈禱に訪れた参詣者のための休憩所を建設し、[33]「大師館」と称する会館で演芸を催すなど、[34]さまざまな娯楽の仕掛けを施した。平間寺は新たに開通した電鉄会社に積極的に協力することで、大師公園を「雅俗兼備の大公園」として発展させることを目論んでいたのである。[35]

京浜電鉄が平間寺と組む形で大師公園を拡張していくのに呼応するかのように、今度は地元川崎町の有力者による開発構想も活発化した。

その目玉とされたのが「大師パノラマ館」だった。パノラマ館といっても、多くの方は具体的な姿をイメージできないだろうが、明治時代には各地の行楽地で建設されていたメジャーなアトラクションだった。その仕組みは、円形もしくは多角形の建物の内側の壁全体に、三六〇度はりまわされた絵画を、中央の展覧台から眺めるというものだ。[36]壁に描かれる絵画の題材は、たとえば日清・日露戦争をはじめとする戦場の情景などが多かったようだ。そこで展開されるリアルな場面は、テレビはおろか映画も登場していない明治時代の中ごろまでは、人々の目をひきつけるのに十分なものだった。

大師パノラマ館は、弘法大師の生涯が一覧できるというものだったようだが、そのテーマ設定からも明らかなように、当時の住職深瀬隆健の後押しを受けてつくられている。[37]平間寺も「客寄せ」のためにさまざまな仕掛けを施すことに努力していたのである。

この他にも地元の動きは活発化する。大師河原に住んでいた森金太郎という人物が、大師周辺で湧いている水が病気の治療に効果があるとして、これを沸かして「川崎大師霊鉱泉」という名の温泉施設を建設した。どうやら、当初この試みは周囲から馬鹿にされたようだが、森はそれにもめげずに一九一〇（明治四三）年夏にこの施設を完成させた。[38]第三、四章で見る穴守稲荷や池上本門寺でも、こうした温泉施設は建設されているが、この時代の行楽地には温泉がつきものだったようだ。

川崎で宿屋を経営していた田中亀之助は、大師電気鉄道の設立にも携わり、川崎町長、神奈川県会議員、衆議院議員などを歴任した地元の有力者だが、こうした川崎大師の繁栄ぶりに目をつけて、自らもその開発に参加することを目論んだ。その内容は、平間寺の境内に隣接した敷地に池や掘割を設けて舟遊びをさせたり、水辺には桜の木を植えたりといったもので、前述のパノラマ館や森金太郎の霊鉱泉、さらに東京の団子坂にある菊花園などとタイアップした、平間寺を中心に総合的な一大遊園地をつくり出そうという構想だったようだ。[39] 現在の文京区千駄木の団子坂界隈は、江戸時代から菊の花づくりがさかんだったが、ここから郊外へと進出しようという業者も出てくるようになっていたことがわかる。

田中らによるこの開発計画がどこまで実現したのかは、いまひとつ判然としない。それまでに進んでいた大師公園との関係がよくわからないからだ。ただ、川崎大師参詣と、庭園、運動場、温泉、パノラマ館などの行楽施設がセットとなった「雅俗兼備の大公園」がめざされていたことはまちがいない。

しかしながら、この時期に次々と建設されたり計画されたりしていた施設は、長続きしないものも多かったようだ。たとえば大師河原パノラマ館は、開業後三年ほどたった一九一一（明治四四）年には、観客の減少によりはやくも閉館してしまったようだ。[40] 映画のように内容が変わるわけでもなく、リピート客を呼べるというものでなかったからであろう。[41]

川崎の変容、行楽の変化

そうした曲折こそあったものの、川崎大師周辺は東京近郊の行楽地としてさらに発展を遂げていく。大正時代の中ごろ、川崎大師を訪れた作家田山花袋は、次のようにその情景を描いている。

東京の近郊で最も盛んな流行仏は、川崎の大師と穴守の稲荷である。（中略）電車で行くと、大師堂はそこから五六町、この間には、土産物を売る店だの、小料理屋だの、旅館だのがごたごた

と並んで、素直《まっすぐ》に門前近いところまで行つてそこで右に折れて、山門の方へと入つて行く[42]

このころの川崎大師の門前町では、料理店飲食店土産物店が専業だけで一一〇軒、兼業を合わせると二〇〇軒近くを数えたという。[43]花袋の文章ではないが、当時の参道沿いには、土産物屋以外に茶店も数多くあったという記述もある。それによれば、茶店の店先では「よつてらッしやいまし、一吹召上つて被入いまし、おかけなさいまし」[44]などと、女性たちが盛んに呼び込みをしていたという。こうした店の中には、どうやら単にお茶やお菓子を食べるだけの機能に止まらない店もあったともいうが、[45]川崎の町には大きな遊廓があったので、川崎大師の門前町は、三業地などの花街として許可されることはなかった。

この明治末期から大正中期までが、郊外行楽地としてのこの地域の全盛期であったと言えるだろう。しかし、すでに大正初期には、当時の川崎町長が、将来この地域を工業地域として発展させていく構想を示していた。[46]こうした動きを受ける形で、実際に工場の招致政策がはじまっていく。とりわけ、鶴見からはじまった大規模な埋立地が次第に海岸を消失させ、[47]行楽地としてのこの地域の存立を脅かすようになりはじめていた。川崎大師へ向かう大師線の沿線にも大規模な工場がいくつも立地するようになった。

こうして工業化が進んでいく中、一九二四（大正一三）年に市制が施行され、川崎町は川崎市となった。そして、急速な都市化の中で、急増する労働者たちに対する社会政策が市にとって大きな課題となっていく。現在でも川崎市といえば工業都市というイメージが強いが、そうした街の性格がこのころから明確になりつつあった。

京浜電鉄も、系列会社である湘南電気鉄道が三浦半島方面へと路線を展開していくと、その沿線に行楽開発の重点を移していくようになった。つまり、すでに市街地、工場地として成熟しはじめていた京浜間にかわって、三浦半島とその周辺へと移行していくことになったのである。そこでは川崎大師や穴守稲荷をはじめとするような、参詣と深く結びついたものとは異なった行楽が展開した。ハイキングのようなモダンな行楽が次第に幅を利かせていくようになっていったのである。

こうした中、平間寺も行楽地開発から社会政策的な事業へと、大正後期以降その重点を移すようになっていく。たとえば川崎中学校の設立支援や川崎社会館、大師図書館の経営など、社会政策的施設の充実に熱心に取り組むようになっていった[48]。

第三章

「桁外れの奇漢」がつくった東京

――穴守稲荷神社と京浜電鉄

前章で見た川崎大師は、創建が古く江戸時代から多くの人々が訪れるメジャーな近郊名所のひとつだった。だから、そこに明治期以降も多くの参拝者が集まり、電鉄が敷かれたというのは、比較的わかりやすい話だ。

多摩川を挟んで対岸にある穴守稲荷神社と電鉄の関係は、これとはかなり異なっている。穴守稲荷は、現在も京浜急行空港線の沿線にある神社だ。たしかに名前はそれなりに知られている。だが実際に訪れたことがある人は、川崎大師に比べるとかなり少ないのではないかと思う。

穴守稲荷といえば、かつて羽田空港ターミナルビルの駐車場に鳥居だけが建っており、これを動かそうとすると祟《たた》りを受けるなどとよく語られていた。第二次世界大戦後、米軍は羽田空港を拡張するため、穴守稲荷とその周辺の家屋を強制的に撤去した。その際、作業員がけがをしたりブルドーザーが横転したりと、不思議な事故が相次いだという。結局鳥居だけは撤去を断念し、その後長らく空港の駐車場にポツンと残されることになったといわれている。

つまり、穴守稲荷はブルドーザーをひっくり返すことができるほど、すさまじい霊力をもっていると信じられてきた。だから、さぞ古い由緒をもつ神社だと思ってしまいがちだ。だが実際には歴史はそれほど古いものではなく、実質的には近代になって出現した非常に新しい神社である。本章では、多摩川河口付近の砂州に、突如として神社が誕生し、電鉄が敷かれ、町ができていく過程を見ていこう。

1　穴守稲荷の誕生

羽田鈴木家の狐

穴守稲荷が誕生したのは、現在多摩川が東京湾に注ぐ河口付近、その左岸の砂州であった。この土地には、江戸時代から要島弁天という祠が祀られていたが、基本的には、ほとんど利用されることのなかった土地だった。

羽田空港駐車場に建っていた穴守稲荷鳥居

そこに目をつけたのが、名主を務めていた鈴木弥五右衛門という人物である。彼はここに堤防を築いて海水が入らないようにし、一六〇町歩もの新田を開発した。鈴木新田の誕生である。そして、いつのころからか開発者である鈴木家に狐が住みつき、これを祀る祠が建てられたという。

弥五右衛門の息子常五郎の時代になると、沿岸の堤防に穴があき、たびたび新田に海水が浸入してきそうになることがあった。潮水に浸かってしまうと稲作りどころではない。そこで村人たちは守護神として堤防の上に鈴木屋敷の稲荷大神を勧請し小さな祠を建てた。その後は神霊の御加護があらたかで風浪の害なく五穀豊穣が続いたという。穴守の名は「風浪が作りし穴の害より田畑を守り給う稲荷大神」ということからついたとされている。[1]

以上が穴守稲荷神社の起源とされる。ただし、神社の由緒は伝える媒体によってかなりの違いがあるほか、明治一〇年代までの動向を直接伝える記録類もほとんどないのが実情だ。[2] この時期は、鈴木家やせいぜい村の人々の信仰を集める祠程度の存在であり、広く参詣者を集めるような神社とはとてもいえなかっただろう。しかも、狐に見離されたのか、鈴木家は明治時代に入ると没落してしまったという。[3]

状況が大きく変わったのは一八八四（明治一七）年のことだった。近くに住む鳴島雁蔵という漁夫の妻が重い病気にかかっていたが、ある日偶然見つけたかつての鈴木家の狐の棲家《すみか》に願をかけると、たちどころに全快したという。この「霊験」がきっかけとなり、近隣の人々が争ってここに参拝するようになった。[4] 翌一八八五（明治一八）年五月には土地の有志が社殿を建立し、一二月には正式に穴守稲荷神社として認可された。さらに近隣の羽田神社から神職を招聘するなど、[5] にわかに神社としての形を整えるようになったのである。

金子市右衛門による再興

しかし明治二〇年代半ばに、穴守稲荷は危機を迎える。といっても、実はその詳細はよくわからない。とにかく「非常に負債を生じ」て「名状すべからざる苦境に陥」ったということが伝えられているだけだ。[6] いずれにしても、できてまだ数年しか経っていない小さな神社のことである、そのまま消え去ってしまっていても不思議ではなかっただろう。

そうした折に、神社のために力を尽くしたのが金子市右衛門という人物であった。金子は土地など私財を寄進し、さらには、海老取川から神社までの参道を建設するための資金調達も一手に引き受け[7]、開通に漕ぎ着けている。そうした努力の甲斐があり、神社は存亡の機を脱したのである。金子が建設に力を尽くした五〇〇メートルほどの参道沿いには、その後、土産物屋などが建ち並んで「整然恰かも一長市街」の観を呈するようになったという。[8]田んぼの真ん中に突如として門前町が出現した

金子市右衛門の記念碑　『信仰美談 穴守稲荷』より

穴守稲荷神社社務所の関係者　『信仰美談 穴守稲荷』より

のである。この町で営業する人びと八三名は、金子に感謝状を贈るとともに、記念碑をつくりその功をたたえたほどである。[9]

金子の祖先は、穴守の開発者・鈴木弥五右衛門に従って羽田に移住してきた一五名の草分けの一人であり、その子孫は代々「市右衛門」を称してきた。[10] 農業だけでなく漁業にも従事し、しばしば自ら舟を操って房総半島まで出かけていたという。[11] 前述のとおり明治に入ってから鈴木家は没落しており、祠も廃絶状態となっていたようなので、実質的には金子らが穴守稲荷神社を立ち上げたといっていいだろう。「第二の鈴木弥五右衛門」との異名もあるが、[12] それは決して誇張ではない。なお、金子は一九〇〇（明治三三）年に六四歳で死去したが、[13] その息子徳次郎は胤徳と改名し穴守稲荷神社の社掌に就任している。[14] その後も金子の子孫が宮司に就任することが多く、二一世紀に入るまで穴守稲荷と深い関係をもち続けた。[15]

2　実業家・木村荘平のプロデュース

七五〇〇基の鳥居

穴守が稲荷神社となってから数年の間は、東京市民にもほとんど知られることもなく、きわめてマイナーな存在だったようだ。

東京の新聞に穴守稲荷の名が見えるようになるのは、明治二〇年代半ばのことである。一八九一

（明治二四）年九月一七日の『東京朝日新聞』では「第一家を繁昌させ、第二お金に困った時無尽を引く」「奇妙不思議な御利益」があるとして、穴守稲荷の功徳が紹介されている。[16] このような「霊験譚」は、この時期以降しばしば流布するようになったようで、そのおかげか、次第に東京市内などからの参詣者が増えていった。

明治30年代の穴守稲荷神社社殿　『信仰美談 穴守稲荷』より

穴守稲荷参道に並ぶ鳥居　大田区立郷土博物館蔵

稲荷神社といえば、全国の稲荷神社の総本社伏見稲荷神社の延々と続く「千本鳥居」が有名だが、穴守稲荷の参道にも同じように鳥居が建てられるようになった（なお、伏見稲荷の千本鳥居は参詣者が奉納したものだが、意外なことにこれも明治時代になってからはじまった風習のようだ）。[17] 一八九二（明治二五）年三月には、参詣者から奉納された鳥居がすでに一〇六七基に達していたとされる。[18] さらに一九〇〇（明治三三）年になると、「甲部」二〇九二基、「乙部」五四一〇基、合計七五〇二基もの鳥居が参道に建ち並び、毎月一五〇基ずつ増えているような状況となっていたという。[19] 現在の伏見稲荷の千本鳥居は約三〇〇〇基とされているので、[20] そのすさまじさがうかがえよう。稲荷は江戸時代では定番のはやり神であり、「伊勢屋　稲荷に　犬のくそ」といわれたぐらい数多く祀られていた。穴守稲荷の流行は江戸時代から続くはやり神の伝統のうえに立ちつつも、東京の都市化の中でまた異なった次元で展開していたと見ることもできるだろう。

『穴守稲荷霊験記』

新聞記事以外に穴守稲荷の知名度を上げるのに効果があったと思われるのが、歌舞伎の上演である。

一八九八（明治三一）年一〇月には、横浜にあった劇場羽衣座で「穴守稲荷霊験実記」が、[21] 翌年二月には、東京浅草の小芝居劇場宮戸座で「穴守稲荷霊験記」が上演されている。[22] 両演目の関係はよくわからないが、歌舞伎作者瀬川如皐（四代目）の新作とされており、従来からあった作品ではなく、この時期に新しく書き下ろされた作品だったようだ。宮戸座では、一九〇〇（明治三三）年には「穴

穴守稲荷「水行場」『信仰美談 穴守稲荷』より

守神社の由来」、翌年には「穴守利生記」というように、[23]多少名前を変えながらも同じような題材の作品が継続して上演されている。なお宮戸座は、当時の東京を代表する小芝居劇場だった。小芝居とは、一般的に歌舞伎座のような大劇場ではない、比較的小規模な劇場のことを指すが、宮戸座の知名度は高く、この時期には全盛期を迎えていた。そこで上演されることは知名度のアップに大きな効果があったことはまちがいない。

第一章で見たとおり、歌舞伎を使った霊験の宣伝は江戸時代の成田山新勝寺が駆使した手法だ。江戸時代に生み出された宣伝手法が、明治時代になっても依然として使われていたことがわかる。穴守稲荷の場合、どのような経緯でこの作品が生み出されたのかは直接にはわからないが、テレビもネットもない時代に穴守稲荷神社の存在を大都市の市民に訴える効果があったのだろう。

一方で、この時期には新聞や雑誌といったメディアはすでに登場していたことも確かだ。実際、新聞と結びつくことで普及していった甲子園球場での高校野球のようなイベントも少なくない。そうした観点からすると、穴守稲荷が活用した講や歌舞伎といった装置はずいぶんと古めかしく見える。しかし、新聞がこうした都市開発の装置やイベントと本格的に結びつくようになるのは、これより少しあと日露戦争ごろのことだ。[24] 穴守稲荷と歌舞伎との結びつきは、こうした過渡期の時代を象徴している。

「御穴の砂」「御神水」

穴守稲荷を訪れる人々が増加したのは、こうした霊験譚の効果ばかりではない。実際に参拝しないと得ることができない、直接的にご利益を示す「モノ」の存在もあった。

穴守稲荷の社殿の背後には、狐の棲家とされる「御穴」と呼ばれる穴があったが、そこの砂をもち帰って撒くと商売繁昌の功徳があるという話が広まった。こうして「御穴」のまわりは砂をもち帰ろうとする人々で常にあふれるようになったという。[25]

もう一つは「御神水」である。穴守稲荷の周辺は海に近いこともあって、井戸を掘ってもなかなか「清水」には恵まれなかった。それが、近くに住んでいた廣井兼吉という人物が自ら率先して井戸を掘ると、ようやく水が湧いたのである。そして、この水はただの水ではなく病気の治療に効果があるとして、廣井はその効能を盛んに喧伝した。

さらに廣井は、内務省東京衛生試験所に依頼をして水質を検査してもらい、一八九六（明治二九）年九月に一定の「医治効用」が認められる「冷鉱泉」という報告書を公表している。[26] ちょうどこのころ、政府は民間信仰を迷信として否定する姿勢を強く打ち出していた。[27] 行政機関による「科学」のお墨つきが「御神水」をひろめるために必要だったのかもしれない。

さらに廣井は、水を採取する「御神水所」を設置するとともに「御神水講」まで組織した。[28] 御神水講は、東京市内のみならず、東京多摩地域や千葉県、埼玉県にも存在したようで、「御神水」の発見も穴守稲荷の勢力を大きくする役割を果たしたことはたしかだ。[29]

「いろは王」木村荘平

歌舞伎を上演するとか、御神水の霊験を喧伝するといったことが、穴守稲荷の知名度の向上に影響があったことはたしかだろう。だが、それ以上に大きな影響があったのが、ここで出てきた講の組織化であった。

「講」とは、同じ信仰をもつ人々が集まってつくる結社のことだ。江戸時代からさまざまな寺社の講が組織されていた。伊勢参りも富士登山も多くはこうした講組織が担っていたのである。

木村荘平　『木村荘平君伝』より

ということで、講自体は別に目新しいシステムではない。だが、穴守稲荷の場合は明治に入ってから事実上ゼロから立ち上げたという点で特異だ。

穴守稲荷の講は急激なスピードで拡大を遂げ、明治三〇年代半ばには東京、横浜だけで講社数一五〇、講員一〇万人以上を数えるようになったという。[30]こうした状況に気をよくした穴守稲荷神社では「平間寺もまた昔日の比にあらず、たゞそれ東天朝日の勢ひあるものは、我が穴守稲荷神社あるのみ」[31]などと、鼻息荒く川崎大師をライバル視するまでになっていた。

東京の片隅の有力者に過ぎない金子や廣井が、一〇万人規模の講を組織化し東京中から大量の参詣者を集められたとは、にわかには信じがたいことである。浅草での大々的な歌舞伎の上演や大規模な講の組織化といった大仕掛けは、羽田穴守というローカルな場所で活動する彼らの身の丈に合っていないのだ。これほどの大がかりなプロモーションを、彼らはなぜなし得たのだろうか。

その謎は、一人の人物の存在に行き当たることで解き明かされた。東京における穴守講の中心的存在「東京元講」の元締めとなった木村荘平である。[32]

木村荘平といっても、現在その名を知る人はほとんどいないだろう。だが、明治時代の東京では、「いろは王」の異名を取る、よく知られた実業家だった。木村は政府から家畜市場と屠畜場の払い下げを受けるとともに、牛鍋屋「いろは」を開店し、またたく間に二〇店舗以上を展開して当時日本最大の牛鍋チェーンに仕立て上げたという人物である。[33]

天保一二（一八四一）年伏見に生まれ、青物問屋や製茶貿易商を営んでいた木村だが、鳥羽伏見の戦いの直前に薩摩藩の御用商人となった折、大損をしていったん店をたたむ羽目に陥る。だが、薩摩藩の有力者と関係をつくることができたようで、明治になると神戸にも進出するなど、貿易商として活躍していたという。

一八七八（明治一一）年三月、大警視川路利良は木村に東京での畜産事業の振興について相談をもちかけた。そこで木村は、従来の官設の家畜市場と屠畜場を民間に移管することを提案する。畜産事業に関わったことはなかった木村であったが、川路は木村の事業経験の豊かさを見込んでいたようだ[34]。明治前期の東京では、薩摩藩出身者が政治に影響力を強くもっており、彼らと関わりのあった商人や事業家が、都市に関するさまざまな事業を任せられることが少なくなかった[35]。木村もこうした関係の中で頭角を現してきたのである。

木村は政府から家畜市場と屠畜場の払い下げを受けて経営するだけでなく、関連する分野にも事業を拡張していった。そのひとつが競馬である。それまでにも馬匹《ばひつ》改良などを目的として競馬が行われることはあったが、木村らは新たに興農競馬会社を設立し、営利事業として競馬を行うところに特徴があった。

とはいっても、当時は馬券の発売は認められていない。そこで木村は、富くじつき前売り入場券を売りだした。これは入場券に記された番号によって抽籤するもので、競馬の勝ち負けは関係ないから馬券ではないという理屈である。この策が功を奏し、競馬場には連日多くの人々が詰めかけ入場券の売り上げも増えていった。だが、政府は富くじに対する規制を強化したため、富くじつき入場券の発売ができなくなった。その途端、競馬場の入場者は激減してしまった[36]。やはり賭け事抜きで純粋に馬の競走を楽しむという人は少数派なのである。

木村が手がけたもうひとつの家畜市場関連の事業が、牛肉店の開店であった。畜産事業を拡大するためには、食肉の需要を増やす必要がある。そこで良質の肉を販売すればおのずと食肉の需要も増えるはず[37]、という理屈だ。肉食の普及を図るには牛肉を食べさせる店をつくればよい、ということから、牛鍋屋「いろは」をチェーン展開したのである。

いろはの各店舗の責任者には必ず女性が充てられ[38]、木村は彼女らに次々と自分の子供を産ませていった[39]。そうして、各地にある「家庭」を朱塗りの人力車に乗って巡回することが、彼の日常となったのである[40]。合計三〇名にも上った子供に、木村は自分の荘平という名から「荘」の字をとり、数字を組み合わせて名前をつけていったという[41]。その中には木村荘八（画家）、木村荘十（作家）、木村荘十二（映画監督）のように、のちに各界で活躍した人物も出た。荘平の子供たちは、父親の実業家としての才能を受け継がなかったようだが、芸術家や文化人としての才能に恵まれた人物が多かったようだ。

今日、木村荘平についてとり上げるときには、「性経一致」の牛鍋屋チェーン「いろは」の主人としてか[42]、近代食肉産業のパイオニアとしての位置づけがほとんどだ[43]。木村の事業についての言及は断片的で、数多い彼の事業の全体像が語られることはない。しかし、木村の生涯全体を見渡すと、彼は単に子だくさんの牛鍋チェーン経営者であったのではなく、明治の都市東京で必要とされたさまざまな分野にその足跡が及んでいる。穴守稲荷への関わりもそうした事業のひとつだった。

「穴守神主」木村荘平

さて、木村が穴守稲荷に関わるようになったのは、自宅の近くに住む火消しの元親分らが穴守稲荷のご利益を吹聴するのを聞いて、自らも一族郎党総勢四十余名を引き連れて参拝したことがきっかけだったという[44]。

木村がその参拝でどのような功徳を得たのかはよくわからないが、神仏に対する信心が篤かったことはたしかなようだ。[45]その後、講の組織化に取り組むとともに、[46]大鳥居を寄進するなど、[47]穴守稲荷の発展に力を尽くすようになった。現在、京急空港線には大鳥居という駅があるが、その名の由来をつくったのも木村ということになる。「いろは王」木村荘平には「穴守神主」[48]との異名も授けられている。

先述のとおり、穴守稲荷の急速な成長は金子市右衛門ら地元の人々の努力があってのものであったことはたしかだ。しかし、それだけでは市街地から離れた新興の無名神社に東京中から人を集めるなどということはできなかっただろう。知名度がほぼゼロの状況から、川崎大師を競争相手と見るほどのはやり神へと急激に成長していくには、木村のような事業拡大のプロ、並外れた「やり手」の関与が欠かせなかったのである。

木村が寄進した大鳥居を望む　『信仰美談 穴守稲荷』より

これまで見てきたように、木村荘平は明治東京に生きた人々の生活に関わるさまざまな事業を興した起業家だった。ある意味において、明治時代の東京の歴史を語るうえでは避けては通れない人物のはずだ。都市生活に関わる起業家という点では、阪急の小林一三などとも相通ずる面もある。だが、小林が都市開発モデルのイノベーターとして、今日でもよく知られているのに対して、木村荘平の名はほとんど忘れ去られている。

木村と小林との大きな違いは、小林の興した阪急が現在でも盛業中であるのに対して、木村の「いろは王国」は息子の代で破綻し消え去っているという点にある。それは単に結果の成否のみが名を残すかどうかを分けるということを意味するのではない。小林のつくり出したモデルは、二〇世紀の半ば以降の都市生活に適合的であったのに対して、木村のモデルは、「江戸時代とも異なるが、かといって近代にもなりきれていない」明治という時代だからこそ事業が成り立っていた、ということではないだろうか。木村の功績が現在ではほとんど語られることがなくなったのは、彼の事業が、二〇世紀型大都市では裏に隠されてしまいがちな分野に深く関わっていたからなのかもしれない。

都市問題に向き合った生涯

いまは忘れられたイノベーターと成り果てた木村だが、明治の東京を語る際には欠かせない事業を数多く手がけたこともたしかだ。すでに触れた家畜市場や牛鍋屋のほかに、芝浦に鉱泉を掘り大規模な海浜リゾート施設を開発するなど[49]、さまざまな事業を手がけている。さらに政界にも進出し、東京府会議員や東京市会議員を務めてもいる。とくに市会議員時代には、星亨《ほしとおる》の子分として暗躍するなど[50]、縦横無尽の活躍をしている。

星亨は、衆議院議員と東京市会議員を兼ね、明治時代中期の東京市政を牛耳った人物であり、「オシトオル（押し通る）」の異名をとる強引な政治手法で当時知られていた。「憲政の神様」として知られる尾崎行雄は、星亨にはじめて会った際、次のような態度に驚いたという。

ドテラを着て床の間に寄りかかり、アグラをかいていた。周囲の者を呼ぶのにも「野郎ども」とか「おいこらッ」とかいい、私に向かってもロクロクお辞儀もしない[51]

尾崎は、星のイギリスに留学して弁護士資格を取得したという、いわゆる洋行帰りの経歴から英国風の紳士を想像していたが、予想とまったく異なった人となりに衝撃を受けたようだ。星については、自らが務めていた衆議院議長の不信任案が可決された際に除名処分となるまで議長席に居座り続けるなど、エピソードに事欠かない。

星亨

本人以上に強面だったのが、ここで出てくる「周囲の者」たち、当時は壮士と呼ばれた人々だ。彼らは星の気に入らない政敵を叩きのめして、文字通り半殺しの目に遭わせるような乱暴な連中でもあった。[52]木村は一八九六（明治二九）年に東京市会議員になっているので、[53]議員ではない壮士たちとは立場は同じではない。だが、星の取り巻きにはこの類いの人々が数多くいたのである。さすがにこうした星の手法には当時から批判が多く、敵もつくっていた。一九〇一（明治三四）年六月、東京市役所の中で刺殺されるという最期を遂げることとなる。

星という政治家は、市街鉄道や東京築港など、当時東京で課題となりつつあった都市問題に正面から取り

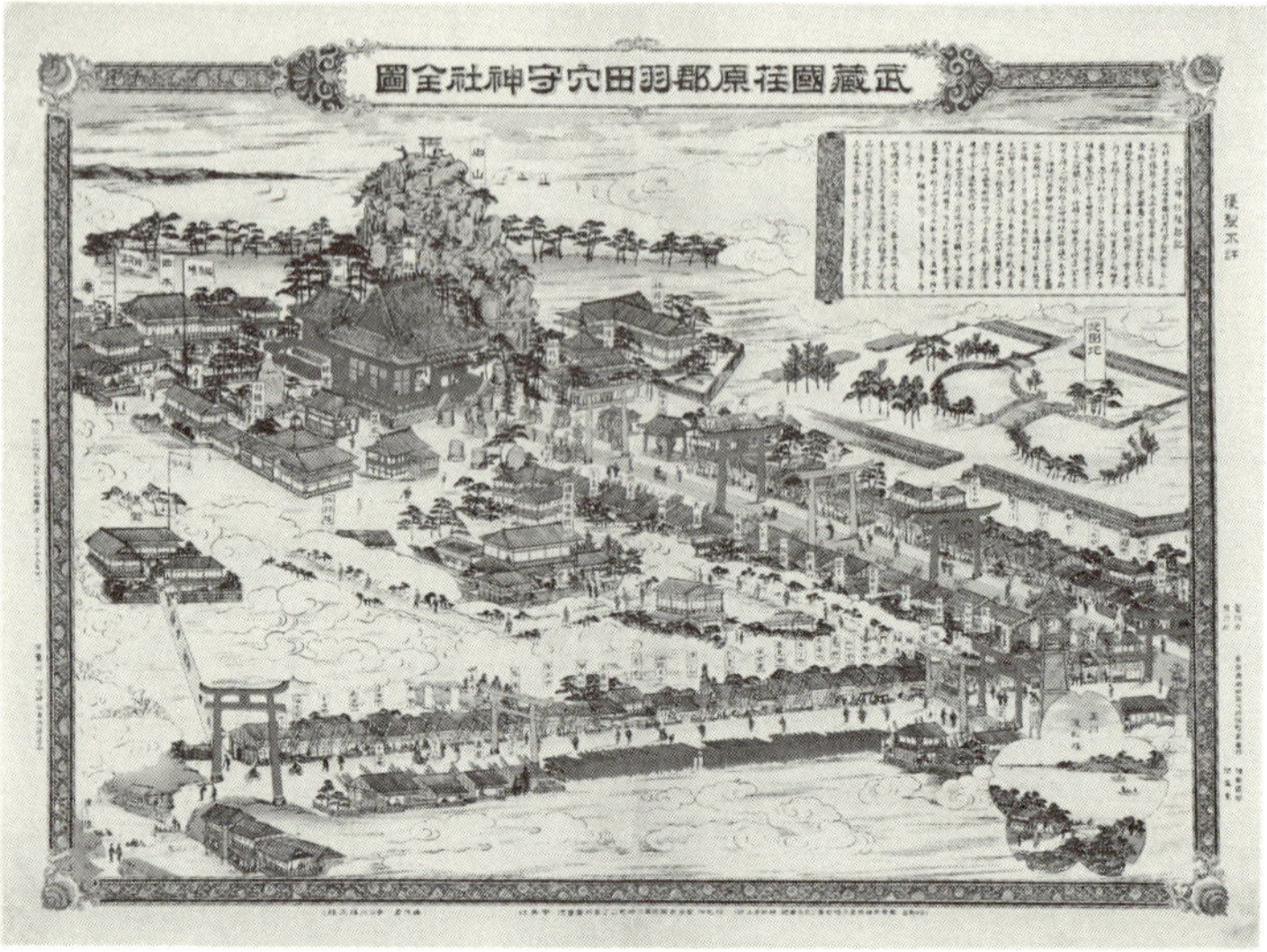

明治34年の穴守稲荷神社　大田区立郷土博物館蔵

組んでいたこともたしかだ。[54]そしてまた木村の取り組んだ事業の多くも、当時の都市で必然的に発生する課題に関わるものだった。

その一つが火葬場である。現在、全国の火葬場は公営なのが一般的だ。ところが、首都である東京ではほとんどが民営となっている。実はこうした東京の火葬場のあり方にも木村は深く関わっている。

一八八七（明治二〇）年、木村は東京博善会社を設立するとともに、日暮里に火葬場を設置した。さらに棺桶をレールの上に載せてレンガ炉に入れる新型の焼却炉も考案している。火葬事業に進出したのは、東京のような土地の貴重な都市で土葬を続けていると、そのうち市内中が墓場で埋め尽くされてしまうという彼なりの危機感があってのことだった。[55]実際、本書第五章でも触れるように、二〇世紀に入ると東京の墓地不足は深刻化し、墓地の移転や郊外墓地の新設が大きな課題となったのである。

食肉の処理場や火葬場は、普段は市民の生活の表側に出てくることは少ない。だがいずれも都市で生活していくうえでは不可欠な機能だ。木村はこうした明治の都市東京をある面で牛耳る「桁外れの奇漢」[56]であった。

一九〇六（明治三九）年四月、木村は顎癌に冒されこの世を去った。[57]ちょうどこのころ、東京や大阪では電鉄が勃興しはじめていた。木村がさらに生き続けていれば、こうした分野でも大きな力を発揮したかもしれない。あるいは、ちょうど時代の転換期にこの世を去ったということもできる。木村が考案した焼却炉は使用料が高すぎて長らく利用がなかったとのことだが、彼自身が新型炉による火葬第一号として葬られることになった。[58]

木村が設立した東京博善株式会社は、一九二一（大正一〇）年に新会社が経営を引き継ぎ、[59]現在でも東京の斎場の多くの運営を担っている。

鉱泉の発見

さて、穴守稲荷の歴史に話を戻そう。

急速な発展の要因としてもう一つ挙げなければならないのは、穴守という地が行楽地としての魅力を備えはじめたことだ。その画期の一つが一八九四（明治二七）年に鉱泉が突然湧き出したことである。この鉱泉の発見にあたっては、次のような話が伝えられている。「あるとき、この地の土地をもっていた和泉茂八という人の老僕が旱魃対策として井戸を掘ったところ、濃厚な潮水が突然湧き出てきた」。

考えてみればこの土地は元々海の底であり、通常井戸を掘れば潮水が沸いてくることは、先の廣井兼吉の御神水講のところで触れたとおりである。そして、この老僕は失望落胆してこの井戸の傍らで煙草を吸おうとしたが、その際誤って火のついたマッチを落としてしまったところ、井戸水が突然燃え上がったという。そこで、衛生試験所にこの井戸水を検査してもらったところ、なんとこの潮水は「病気治療に効果のある冷鉱泉」というお墨つきを得たのである。そこで和泉は温泉旅館を新築し、さらに類似の施設がこの附近に建ち並びはじめたという[60]。

先に触れた廣井兼吉が掘った御神水も、実は和泉の勧めによって井戸を掘ったのだという話も伝わっており[61]、両者の関係は今一つはっきりしない。同じような言い伝えが大森にあった森ヶ崎鉱泉というところにも伝えられているので、その実否のほどは定かではない。大田区や品川区といった穴守周辺の地域では、現在でも「黒湯」と呼ばれる鉱泉が湧出し、これを使った温泉銭湯も数多い。穴守の御神水や鉱泉もこうした類いのものだったのかもしれない。

さて、こうした温泉は、草津や別府のように熱いお湯が豊富に湧いてくるというものではなく、極端にいえば井戸水を沸かした「疑似温泉」だった。だが、交通機関が発達する大正時代以前は、本格的な温泉地の代用地として、大都市近郊に数多くこうした施設がつくられていた。川崎大師でも鉱泉開発の話が出てきたが、この時期、いや現在でもそうかもしれないが、こうした温泉施設が大都市郊外における行楽地の発展に大きな影響をもっていたのである。

疑似富士山「御山」

穴守稲荷の境内にも、周囲の賑わいに対応するような動きが出てくるようになった。

一つは「御山」[62]の築造である。一八九八（明治三一）年に本殿の背後にできたこの人工の山は、当初は一一メートルほどの高さだったようだが、その後「増築」され、一九〇四（明治三七）年には二〇メートルに達していた。[63]トンネルまで掘られ、頂上からは東京湾から房総半島までが一望できたと

穴守稲荷「御山」　大田区立郷土博物館蔵

御山　『風俗画報臨時増刊 東京近郊名所図会第11巻』（1911年４月20日）より

穴守稲荷神苑　大田区立郷土博物館蔵

いう。[64] つまりは、「御山」は富士山を模した富士塚であった。

稲荷神社なのになぜ富士山を模したのかはよくわからないが、他に目立つ高層構築物のないこの当時には、格好の目印になったことはたしかだ。「瀟湘《(ママ)》八景にも劣らぬ」[65]というのは吹き過ぎとしても、実際には神社を訪れる人々の目を楽しませる風光明媚な展望台としての役割をもっていたのである。

神苑の開園

穴守稲荷神社では、御山以外にも参詣者向けの行楽施設の整備を進めた。一九〇一(明治三四)年には、隣接地を買収し約五〇〇〇坪の神苑を開園している。[66] 神苑とは神社に付属する庭園のことだが、このことばが広く知られるようになったのは、明治時代に伊勢神宮の境内の改造を行った神苑会によるところが大きい。神苑会は、伊勢神宮内宮の神苑に芝生や花や木を植えて庭園として整備することで、参拝者を誘致する活動を行っていた。[67] 穴守稲荷の神苑も「池を堀《(ママ)》り築山を築き種々の花や木を植え」[68]た庭園を造成することで、多くの人々を集めようという意図があったことは明らかだ。実際にできた穴守稲荷の神苑は、海の水を池にたくみに引き込んだ、かなり凝った造りとなっていた。

3 京浜電鉄と門前町

京浜電気鉄道穴守線の開業

こうした穴守稲荷の急速な隆盛に目をつけたのが、京浜電気鉄道であった。先にも触れたが、この鉄道はもともと大師電気鉄道として川崎大師への参詣を大きな目的に掲げて創業した会社だった。そして、京浜電気鉄道と名前を変えてすぐに取り組んだ大きな事業が、この穴守稲荷への路線を建設することだったのである。

一九〇二（明治三五）年六月二八日、蒲田から穴守稲荷への参詣輸送を目的とする路線が開業する。なお、この当時の京浜電気鉄道は、社名に「京浜」を掲げていたものの、その路線網はまだ東京・品川にも横浜にも達していなかった。このころの路線案内図を見ると、東は大森で東海道線に接続し、西は川崎で東海道線に連絡していた。そしてこの東西を結ぶ路線と並行するように、多摩川を挟んで川崎大師と穴守稲荷へ向かう路線が延びるという構成になっていたのである。

当時、大森を始発とする電車はそのまま穴守まで直通で運行されており[69]、参詣電車としての性格が如実に表れている。なお、その後路線が品川まで延びると、東海道線大森駅までの路線は支線となったが、一九三七（昭和一二）年まで残っていた。

さて、京浜電鉄がいち早く穴守への支線を建設したのは、大森や蒲田から羽田をまわって川崎大師に出るという回遊ルートをまず形成しようとする意図があったからである[70]。当時の同社の沿線案内図には、川崎大師から六郷川を渡って穴守稲荷までの路線が予定線として描かれており、このことからもその意図は明らかだ。また、品川から川崎大師と穴守稲荷をセットにした巡拝券を発売するなど[71]、回遊コースを積極的に売り出している。

大正時代に京浜電鉄が集計した品川からの直通乗車券発行枚数の統計によると、穴守への参拝客は

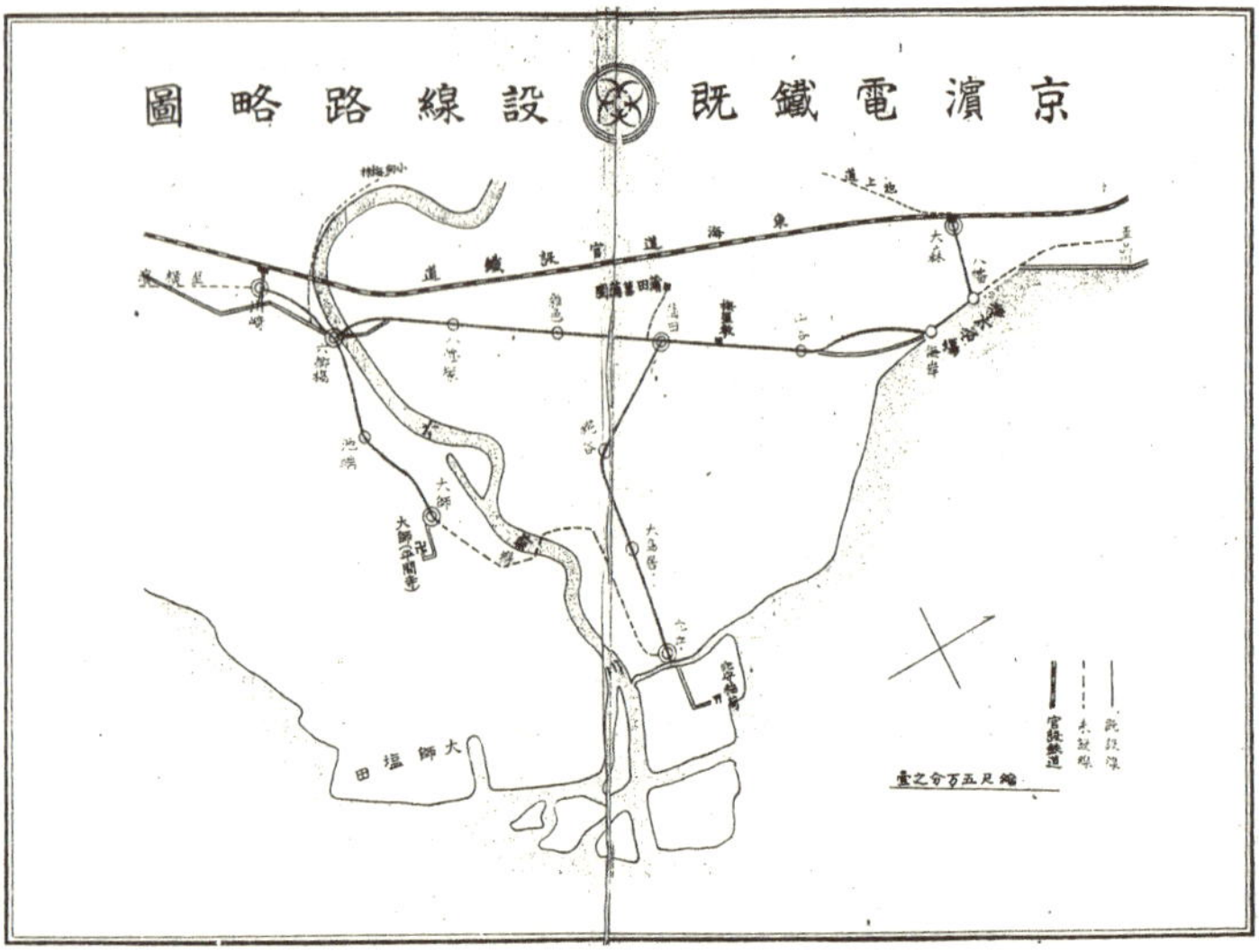

当時の京浜電鉄路線図　『京浜電気鉄道株式会社沿革』より

大森駅で下車し、電車に乗り換える　『穴守神社由来記』より

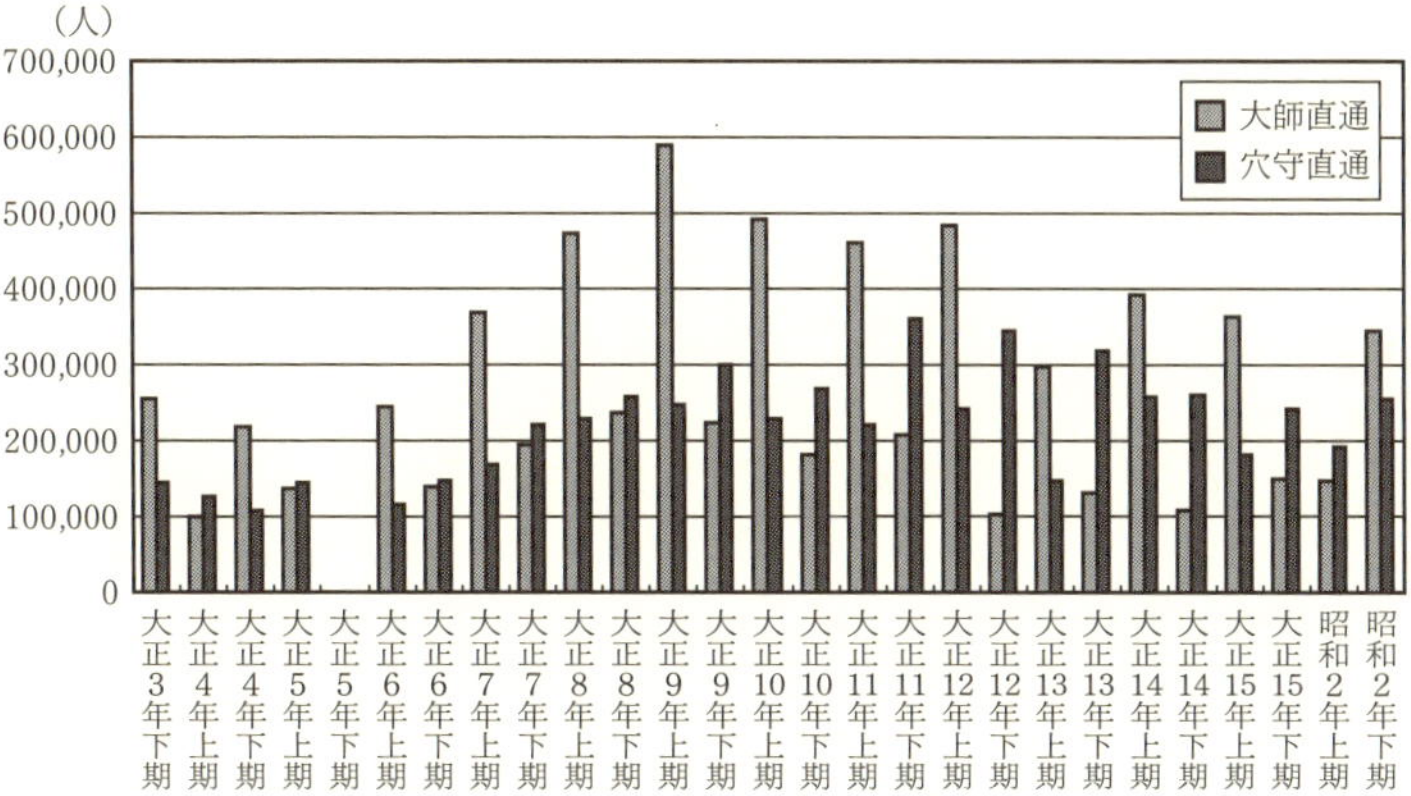

穴守稲荷・川崎大師への直通客　『京浜電気鉄道営業報告書』各年度版より作成

一年トータルで見ると川崎大師には劣るものの、一年の上半期に参詣客が集中している川崎大師に比べて、年間を通してコンスタントに参詣者を集めていた。

京浜電鉄と渡し船を組み合わせた周遊ルートは、当時のさまざまな紀行文や日記などに登場しており、一般的なものであったことがうかがえる。たとえば、小林一三は、一九〇三（明治三六）年四月のある休日の日記には次のように記している。小林はこのとき三井銀行に勤めており、芝浦に住んでいた。

> 八時頃、米谷君を誘ふて汽車で大森まで電車で穴守へ遊ぶ（中略）それから玉川を船で川崎の大師へ参詣、五時頃帰宅[72]

東海道鉄道と大師電気鉄道を乗り継いで穴守と川崎大師を回遊する郊外の行楽に出かけている。当時の川崎大師は「暗に川向ひの穴守神社と競争の姿なり[73]」とされたように、多摩川を挟んで参詣者集めと行楽地開発にしの

拡張後の穴守稲荷境内　『風俗画報臨時増刊 東京近郊名所図会第11巻』より

ぎを削るような構図となっていたのである。また、京浜電鉄も、自社が経営する五万坪のグラウンドや海水浴場を開設している。いずれも使用料を無料にしていたが、[74]そこに行く人びとが電車を利用することを想定していたことは明らかだ。神社・地元と京浜電鉄の思惑がうまい具合に一致したことも、穴守発展の大きな要因であった。

一〇〇〇坪超の境内

京浜電鉄穴守線の開通を契機として、穴守稲荷への参拝者はより著しい増加を見せ、一九〇五（明治三八）年には、ついに境内自体の大規模な拡張を迫られるようになった。その許可を得るため東京府に提出した書類では、当時の境内の混雑ぶりを次のように記している。

当神社ハ毎年三月例祭執行致シ来リ候処近年ハ右例祭当日ニハ東京横浜及ヒ各地方ヨリ数万人ノ信

徒参詣有之候然ルニ現境内僅ニ弐百九拾八坪ニシテ此等ノ参詣人群集雑踏致シ危険不尠尚祭典執行上ニ於テモ境内狭隘ノタメ大イニ差支相生ジ候[75]

　三月の例祭の時には東京や横浜などから数万人が一度に押し寄せるので、三〇〇坪程度の境内ではパンクしてしまう。そこで七〇〇〇坪以上敷地を広げて、一挙に一〇〇〇〇坪以上[76]にまでしてしまおうというのだ。ここから、急激な繁昌ぶりの一端がうかがえよう。

　敷地を拡張した一九〇六（明治三九）年以降、神社は拝殿その他の施設を次々に建設して境内を整備していった[77]。さらには、前述した神苑を整備して[78]公園化をはかっている。こうして、川崎大師と並ぶ郊外の巡礼地兼行楽地となろうとしたのである[79]。

　明治時代に発行されていた『風俗画報』は、当時の風俗をはじめ、都市の生活、戦争の様相などを絵入りで紹介するグラフィック雑誌だが、大拡張された穴守稲荷の境内と門前町の姿も描いている。拡張以前の敷地はわずか三〇〇坪だったので、わずか数年の間に当地の景観を

穴守稲荷門前の中央新聞社が寄進した時計台　大田区立郷土博物館蔵

一新させたことになる。さらに、東京に地盤をもつ中央新聞社が主催した景勝地のコンクールで、穴守は国内一という評価を受け、同社が寄進した白塗りの時計台が門前に建った。[80] 穴守稲荷は、講社や歌舞伎といった従来からの手法に加えて、電鉄や新聞といった二〇世紀に主役となった装置も利用しながら、拡大を続けたのである。

成田山や川崎大師も近代になって大きく発展してきたが、その土台には江戸時代やさらに以前からの蓄積があった。だが、穴守稲荷は近代に入って創建された神社であり、その変化もよりドラスティックなものであった。

三業地として、海浜リゾートとして

先にも触れたように、羽田の地域と、江戸時代に新たに陸地となった鈴木新田の地域は、海老取川という水路で隔てられていた。穴守稲荷に参詣するためには、蒲田方面から羽田村内の道を通って大鳥居をくぐり、海老取川を渡し船で渡らなくてはならなかった。京浜電鉄穴守線の終点も海老取川の手前につくられたので、鉄道が開通しても引き続き海老取川を渡る必要があった。

そこで、地元では一九〇三（明治三六）年に駅のすぐ前に稲荷橋と呼ばれる新たな橋を架け、先に触れた金子市右衛門がつくった参詣道に接続させた。参詣道の沿道には信者が奉納した鳥居がずらりと並んでいたというのは先述したが、一九〇二年の時点で鳥居製作する専門の大工が四軒もあり、一ヵ月に六〇〇基以上が奉納されていたという。[81] 正確な数を把握するのは難しいが、急激なスピードで鳥居が増えていたことは明らかだ。

明治四〇年代に著された京浜沿線のガイドブックでは参道の情景が次のように描写されている。

此より社殿迄は四町余り、無数の鳥居相倚り相連れり、遠くより之を望めば実に一体の霞とばかり、此の鳥居の隧道を中に挟んで掛茶屋は軒を列べぬ、名物は貝料理、張子の達磨、河豚提灯、土製の白狐と供餅とは神の供献の料と知らる[82]

海老取川の渡し船 『穴守神社由来記』より

稲荷橋 上：大田区立郷土博物館蔵 下：前掲『風俗画報臨時増刊 東京近郊名所図会第11巻』より

四町、つまり四四〇メートルほどの間に茶屋やみやげ物屋が建ち並ぶ立派な門前町が形成されていたことがうかがえる。そのうえ、そこでは貝を使った名物料理や張子の達磨や提灯といった、なにやら由緒ありげな土産物までが売られていたのである。

明治三〇年代の後半にこの地を訪れた紀行作家大町桂月は次のように記している。

十年前、稲荷に接近せる鉱泉宿の要館に数日滞留して、著述に従事したることもありしが、その時は、二三の鉱泉宿が出来て居り、祠前に十数軒出来て居りしのみなるに、十年の後には、かくまでに市街が出来るものかと、茫然として、しばし祠前に彳立す[83]

一〇年前、つまり明治二〇年代の後半は、鉱泉が発見され発展がはじまりつつあった時期であるが、まだまださびしい場所だったようだ。それが、一〇年ほどのあいだに発展を遂げたのだ。神社仏閣の門前町というと伝統的なイメージが強いが、このようにごく短い期間にできあがってしまうものなのだ。

しかも、穴守の街の雰囲気はきわめて猥雑なものであったようだ。稲荷信仰は狐との関連が強いことは周知のとおりだが、穴守稲荷の「御穴」ももともとは狐の棲家を暗示していた。そこから転じて穴の神、すなわち性の神としての性格が与えられるようになり、東京の花柳界から信仰を集めるようになったともいわれている[84]。

当時の繁栄する門前町の様子を、一九〇八（明治四一）年ごろにこの地を訪れたある参拝者は次のように描写している。

橋の袂へかゝると、あゝもし〳〵橋銭をと傍らの番小屋から声をかけられ、大枚往復一銭の切符を買つて橋を渡ると、赤い華表が算へ切れぬまでぎつしり建て隧道をなしてゐる、又其間には芸者や役者や落語家などの名を記した無数の献灯が行列してゐる、片側には名物の宝玉煎餅、飴、蛤や土産物の玩弄物を売る店が軒を連ねて客の懐ろを狙つてゐる、一丁計りも真つ直ぐに行つて左へ直角に折れると、両側の茶屋からコッテリ塗つた口の光つた穴守だけに狐に縁のありそうな怪しい女が出て来て、お休みなすつて入らつしやい奥もすいて居ります、お支度も出来て居ります。お風呂も出来て居ります、お休みなすつて入つしやいと殆んど手を捉へんばかりに呼び込む[85]

立ち並ぶ鳥居　『穴守神社由来記』より

こうした店の中には「つれ込宿としてもきこえ[86]」た旅館もあった。一九一三（大正二）年には三業地にも指定されている。[87]「三業」とは「料亭」「芸者置屋」「待合」の三つの営業のことを指し、この三つが許可された場所のことを「三業地」と呼んでいた。俗に花街と呼ばれた歓楽街のことである。

ただし、穴守が行楽地として優れていたのは、そうした猥雑な雰囲気ばかりの街ではなかったからだ。ある人物は当地を訪れた際の日記に、穴守稲荷を参拝してからのことを以下のようにつづっている。

> 社の後辺へ出ると松風と波の音とが先づ聞える、これから奥の院の人造が嶽（?）に登つて、何処か絵になりそうな場所は無いかとレンス眼を睜つてゐると、傍らの四十恰好の男、鋸山が見えませんかえ、今日は生憎沖が霞みましたね、此見当が横浜で、彼処が高輪でさアと聞きもせぬ講釈をする（中略）兎に角穴守第一の観と云へば、此処から東の海を見たところであらう、コバルト色の空と水との継目を、其間に点綴せる沖の白帆が楔のやうにも見えて、一寸した洲鼻を黄ばんだ蘆が水を隔てゝ向ふの岸を穏《ママ》して、その蔭を近く行く船の帆ばかりが松の隙から見える工合は、瀟洒してのび〳〵した光景で、俗の俗なる此境域には珍らしい眺めである[88]

先に紹介したように、本殿の背後人工の富士山は、高さ約二〇メートルにも及ぶものであった。東京湾の雄大な風景を楽しめる格好の展望台となっており、名所のひとつとなっていたのである。

穴守線延長問題

京浜電鉄の開通と参詣者の急増とが相俟って、明治三〇年代後半に門前町、行楽地として穴守が急速に発展したことをここまで見てきた。だが、神社と電鉄の利害は常に一致するわけではない。そのことが端的に示すのが京浜電鉄穴守線の延伸問題である。

一九一一（明治四四）年一〇月、京浜電鉄は穴守支線の終点を稲荷橋の袂から海老取川を渡って神

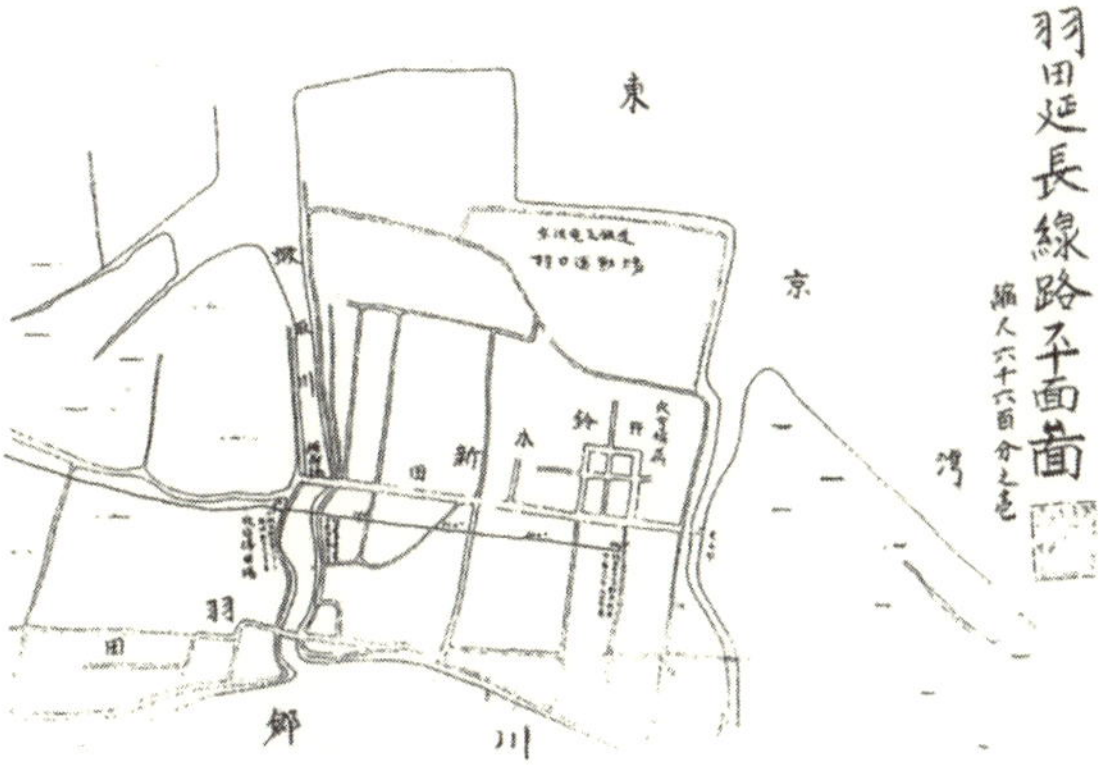

東京府文書『大正五年　土木　鉄道軌道　冊十二』に加筆。

京浜電鉄「羽田延長線路平面図」

海老取川を渡る穴守線電車　大田区立郷土博物館蔵

社の社頭のすぐ近くまで延伸することを計画する。[89]電鉄会社としては、終点から一キロメートル近くを歩くよりも、神社のすぐ近くに駅があったほうが、参詣者の利便性も向上し、電車の利用客も増えると考えたのだ。

この動きに危機感を募らせたのが、延長によって参拝客に素通りされることになってしまう沿道の門前町関係者であった。彼らは、百五〇名以上による延伸反対の陳情書を東京府知事に対して提出するなど反対運動を展開した。[90]これを受けて警視庁などが調停に乗り出し、稲荷橋から終点までの間は別に運賃を徴収するということで落着し、一九一三（大正二）年一二月に延長線が開通するに至った。

その結果、それまで繁栄を極めていた沿道の門前町は客足がぱったりと途絶え、わずか一ヵ月後の翌年一月末には、開通前合計八〇軒以上存在していた飲食店や雑貨屋などが一挙に三軒を残すばかりになったとされている。[91]こうした行楽地の盛衰は、社会の状況や交通機関、周囲の環境などによって大きく左右される、非常に不安定なものであることがここに示されている。

なお、この後も、新しい停留場から穴守稲荷までの門前町はそのまま存在し、しばらくは神社自体も東京郊外の代表的な行楽地のひとつとして繁栄を続ける。

洲崎から穴守へ

明治時代末から大正時代初期にかけてが、郊外行楽地としてのこの地域の全盛期であったといえるだろう。明治時代末には、戸数一五〇、人口七〇〇人の穴守集落が、羽田町の町税全体の二割以上を負担するまでに成長していたという。[92]

大正時代に入ると京浜間の工業地化が始まる。[93] とりわけ沿岸部では、大規模な埋め立てによる自然の海岸が消し去られていった。[94] 海浜という立地も強みのひとつとしていた穴守は、次第に行楽地としての存立が脅かされるようになっていく。

他方では、京浜電鉄の系列会社である湘南電気鉄道が一九三〇（昭和五）年四月に浦賀まで開通し、さらに翌年には京浜電鉄と連絡するようになった。京浜電鉄による行楽地開発の重点は、市街地、工場地としてすでに成熟期に入っていた京浜間に代わって、三浦半島とその周辺へと移行することとなった。

穴守の周辺には、さらにもう一つの大きな変化が訪れようとしていた。それが東京飛行場、つまり羽田空港の開港であった。一九三一（昭和六）年、それまで立川にあった東京飛行場が羽田に移転してきたのである。羽田が選ばれた理由は、①東京中心部から近い、②東京―横浜間の中間に位置する、③海に面していて水陸両用飛行場として利用可能、というものだった。[95]

飛行場は、穴守稲荷の北側、つまり京浜電鉄の運動場跡に建設された。これに関連して、飛行機関連工場が周辺に相次いで建設されることとなり、戦時体制が強化されるとともに、その動きは加速していった。空港の存在が、周辺地域の工場地域としての性格を強める働きをもたらしたのである。

戦時体制がもたらしたさらにもうひとつの変化が、特飲街の設置である。一九四三（昭和一八）年末、海軍は東京市内にあった洲崎遊廓の明け渡しを要求した。近くにある石川島造船所で働く工員たちの宿舎にするためであった。洲崎で営業していた業者は、郊外の各地へと移転していったが、その一つに選ばれたのが穴守だった。[96] すでに触れたように、穴守稲荷の門前町には花街も形成されていた。まるで神社に吸い寄せられるように、昭和一九年初めに穴守に特飲街が誕生したのである。飛行場移転と工業化の進行で、従来からの雰囲気は次第に失われつつあったが、穴守稲荷神社の吸引力は依然として強かったことがわかる。

4 空港と鳥居

門前町消滅

行楽地としての穴守の命脈を絶ったのが、敗戦だった。

一九四五(昭和二〇)年、東京に進駐してきたアメリカ軍は、接収した羽田空港を拡張するため、周辺の穴守一帯の住民に立ち退きを命じる。さらに、海老取川に架かる橋にゲートを築いた。[97] これにより、東京近郊の参詣行楽空間として栄えてきた穴守の歴史は終わりを迎えた。前年に移転してきたばかりの元洲崎遊廓の業者たちも穴守を追われ、大田区の武蔵新田を経て池上本門寺の門前町へと移転していった。[98]

戦前、海老取川は穴守稲荷神社や海水浴場といった行楽地や羽田飛行場のような非日常な場所と、一般の市街地を分ける境界としての役割を果たしてきた。戦後になると、ここにゲートが設けられ、一般人の立ち入りが禁じられた。海老取川に架かる弁天橋と稲荷橋という二本の橋は、占領体制を象徴する機能も果たすようになったのである。こうして海老取川は、日本（羽田の街）とアメリカ（穴守を含む空港側）を隔てる境界としての機能も持つようになった。

さて、穴守から住民を追い出した占領軍は、穴守稲荷神社とその門前町を取り壊しにかかったが、「その最中に社殿から足を滑らすなどして米兵らが何人も死傷。住民は「お稲荷さまのたたり」と怖《おそ》れ、米軍も最後に残った大鳥居の撤去を断念したという」[99]。鳥居の建つ場所は、当初は滑走路の片隅であったが[100]、その後昭和三〇年代に入り新ターミナルが建設されると、そこは駐車場の一角となった。そうして、その後も穴守稲荷の鳥居だけが長らく残されることになったのである。

この鳥居と同じく「無理に撤去しようとすると祟りがある」という言い伝えで有名なスポットに、大手町にある将門塚がある。戦いに敗れて京の都に晒されていた平将門の首が、空を飛んできてここに落ちたと言い伝えられるこの塚は、関東大震災後や戦後にビル建設のために撤去しようとしたところ、不審な事件が相次いだために残されることになったといわれている。

こうした霊験譚の真偽をたしかめる術《すべ》はない。だが、こうした話がまことしやかに伝えられることで、強い「験力」の存在を多くの人々が意識するようになったこと自体はたしかだろう。将門塚とは異なり、穴守稲荷の歴史は決して古いものではないが、アメリカ軍による接収という事態を契機として、平将門の首塚にも匹敵するような「験力」を獲得したのである。

鳥居の行方

戦後、穴守稲荷神社は、海老取川から内陸寄りに移転している。現在でも多くの参詣者を集めてい

移設された鳥居

るが、かつて進駐軍のブルドーザーをひっくり返したような強力な霊験や、行楽地としての性格は失われている。戦前からの講社のほとんども消滅した。[101] だが、そのことは境界としての弁天橋の機能が消滅したということを意味するわけではない。

駐車場の鳥居は、一九九九（平成一一）年に、新ターミナル建設のため弁天橋の袂に移転した。実は、移転に際しては官民ともにその扱いに頭を悩ませたようである。[102] とくにこの場所が選ばれた経緯はよくわからないが、[103] 結果として見れば、現在でも羽田の町と空港を隔てる境界に位置していることはたしかだ。

二〇一六（平成二八）年に公開された映画『シン・ゴジラ』では、東京湾の海中を進んできたゴジラが、この弁天橋付近からその姿を現して東京の市街地に向かっていく。映画の制作者が、弁天橋をめぐる歴史文脈をどの程度認識していたのかはわからないが、結果として見るならば、まさに「現実」と「虚構」を隔てる境界としての役割を果たしている。

第四章

金儲けは電車に限る

——池上本門寺と池上電気鉄道

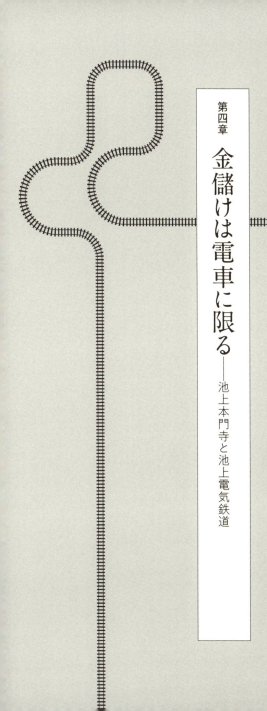

前章まで見てきた成田山や川崎大師、そして穴守稲荷のケースでは、いずれも多少の紆余曲折がありはしたが、社寺と電鉄、都市形成がうまく結合しながら推移していったといえよう。明治末期から大正初期という、電鉄会社が立ち上がっていく時期とうまくリンクしていた例でもある。

だが、大都市の近郊でも必ずしもそうした関係性がうまく機能したところばかりではない。時期的に見ても、一九二〇年代以降、都市化がさらに進む中で、多くの電鉄は当初の参詣・遊覧電車から、通勤通学へとその性格を徐々に変えていった。そうした状況の中で、社寺と電鉄の関係性も大きく変わっていくことになる。

本章では、池上本門寺（東京都大田区）を中心にその変化の過程を見ていきたい。

1　五島慶太と目黒蒲田電鉄

目蒲線は画期的存在

近世以来、江戸近郊の有力な参詣行楽地だった池上には、そこをめざす鉄道が明治時代から数多く計画されてきた。結果として明治時代には実現に至らなかったが、大正時代に入ると、池上電気鉄道（現・東急電鉄池上線）が登場し、実現を見ることになった。

池上電鉄は、その名が示すように参詣電車としての性格があったが、同時に当時の東京の都市化に対応するという、通勤通学輸送への志向ももっていた。そして、東京の都市化が本格化し政府が都市計画法を制定するなど郊外化への対応がはじまると、池上を含むいわゆる城南地域に、それまでとは性格の大きく異なった電鉄が出現する。

一九二三（大正一二）年、目黒と蒲田の間に目黒蒲田電鉄が開業する。のちに東急電鉄目蒲線となり、現在は目黒線と多摩川線に分割されている路線である。池上電鉄の後身である池上線などと並び、城南の住宅地域を走る東急電鉄の路線網の一部を構成しているが、沿線に特別な名所があるわけではなく、ロマンスカーのような特急が走るわけでもない、正直にいえば少々地味な路線だ。だが、電鉄の歴史の中で目黒蒲田電鉄の登場は、画期的な出来事であった。

すでに述べたとおり、初期の電鉄は、蒸気鉄道からの転換組を除けば、都市間連絡か参詣行楽目的の遊覧電車、もしくは両者の複合型であった。東京でも関西でも明治末期から大正初期にかけて登場した電鉄は、このうちのいずれかの類型に分類することができる。だが、目蒲電鉄はそうではない。目蒲電鉄は、もともと田園都市会社の電鉄部門として構想された。田園都市会社とは、東京の郊外で良質な郊外住宅地を開発するために、財界の大御所渋沢栄一も関わって設立された民間ディベロッパーである。田園都市会社は洗足池や多摩川を望む丘陵地で大規模な分譲住宅地を開発していった。中でも多摩川台住宅地は、「田園調布」として二〇世紀における代表的な郊外住宅地として知られるようになる。

現在、これらの地域は目黒区や大田区に属しているが、当時は農村で、しかも鉄道などの交通機関もまだ整備されていなかった。そこで、田園都市会社は自ら鉄道を敷き都心部への通勤通学の便を図ろうとしたのである。最終的には、田園都市会社本体ではなく別会社を設立するかたちで建設と運営を担わせることになったのだが、住宅会社の付随物としてはじまった電鉄はこれ以前には存在しない。

もちろん、それ以前に設立された電鉄でも、住宅地開発や通勤通学輸送に力を入れる会社はいくつもあった。だが、もともと通勤通学輸送を主目的として設立された電鉄は存在しなかったのである（電鉄による住宅地経営のパイオニアとされてきた小林一三の阪急でさえも、箕面有馬電気軌道として創立された当時は遊覧電車だったことは先に触れたとおりである）。そうした意味で、目黒蒲田電鉄は日本の電鉄の歴史全体から見ても画期的な存在だった。

目黒蒲田電鉄は、最終的に五島慶太が経営を掌握し、池上電鉄を含むこの地域の電鉄を支配下に置いて、最終的に城南地域を基本的に東京の住宅地域に変えていくことになった。本門寺や池上電鉄といった池上をめぐる都市装置も、こうした流れの中に取り込まれていくことになる。

五島慶太の信心

東急電鉄グループをつくり上げた五島慶太は、小林のやり方を真似ながら、事業を展開させていった。電鉄沿線に郊外住宅地を分譲したり、ターミナルデパートを建設したりと、五島が小林をモデルとしていたことは、五島自身が実際に認めている。[1]

だが、二人のたどったキャリアは大きく異なる。東京帝国大学から農商務省、鉄道院、さらに官僚から電鉄業に転じたという五島の歩んだコースは、私学→民間企業という道をたどった小林一三とは対照的だ（ただし、五島は一度は英語教師になるなど寄り道をしてはいるが）。

五島慶太　『五島慶太の追想』より

その人となりにも大きな違いがあった。戦後の電力会社の体制をつくり上げ「電力の鬼」と呼ばれた実業家松永安左ヱ門は、茶道を通じて小林・五島の両人と親交があった。その松永は、五島も小林も茶道では松永の足元にも及ばない「僕の百分の一ぐらい」の水準だったとするが、それでも「小林一三君よりは上だった」と五島を評価している。その理由は、小林がお茶を「近代感覚で理解しようとし」たのに対して、五島は「宗教心があったので、茶人にもなりやすかったのだ」[2]。つまり、小林が宗教心をあまりもち合わせていなかった[3]のと対照的に、信心深さが五島の大きな特徴だった。

それにもかかわらず、というべきか、むしろそうだからこそなのか、五島は小林のように、電鉄事業と社寺参詣を絡めることは基本的になかった。「鉄道の敷設あってこそ、都市の発展、繁栄がもたらされる」[4]という信念をもっていた五島は、その土地が従来からもっていた資源を活用するよりは、電鉄を敷設することで「白紙」の土地を開発することに情熱を傾けたのである。もちろん、五島が鉄道院から転じて電鉄業界に身を投じたのが小林よりも遅かったということも、その理由として考えられる。だが、ここにパーソナリティの影響を見ることも、あながち不自然ではないだろう。

2　明治維新と本門寺

江戸近郊名所としての本門寺

長栄山本門寺は東京都大田区池上にある日蓮宗の寺院で、一般には池上本門寺として知られている。日蓮宗の宗祖である日蓮がこの地で入寂したとされ、現在大本山となっている。こうした古くからの由緒があるうえ、徳川将軍や加藤清正ら有力武将からの帰依を受け、家康や吉宗が寺領を寄進するなど権力者からの庇護のもとにあり、江戸時代の初期から高い寺格を誇ってきた。そうした点で、江戸時代後期になって「成り上がった」成田不動や川崎大師とはかなり異なる来歴をもつ寺院である。[5]

さて、これまでもしばしば触れてきたように、近世後期には江戸の近郊の寺社に行楽を兼ねて参詣に出かけることが流行した。江戸とその周辺の名所を紹介した『江戸名所図会』といったガイドブックも刊行されたが、本門寺は必ず紹介される有力な参詣行楽地だった。多くの場合、江戸を出発した人々は、目黒不動—本門寺—矢口新田明神—古川薬師というコースをたどり、さらには川崎大師にも足を延ばしていた。[6]

江戸に近いうえ、寺格も高く、しかも風光明媚だという本門寺は、新勝寺はもちろんのこと、川崎大師と比べても非常に恵まれていた。江戸から多くの参詣者が訪れるようになると、東西二町あまりにわたって門前町が形成され、料亭、商家、茶店、旅籠屋などが軒を連ねていた。[7]

維新による苦境と変わらぬ賑わい

明治維新は、それまで繁栄を謳歌していた本門寺に試練をもたらした。それまで得られていた寺領からの収入が途絶えたうえに、所有していた山林も新政府に上知された。さらに墓地も池上村の共有地に編入されている。[8] 江戸時代に受けていた封建的特権が失われたのである。もちろん、こうした状況は他の社寺も基本的には同じような状況だったが、権力者の帰依が篤かった本門寺はそれだけに打撃が大きかっただろう。とりわけ、山林の帰属はじかに境内に接するだけに大きな問題であった。

明治二〇年代に入ると、政府はこうした社寺境内に接する山林の払い下げの方針を示した。もともと自らの所有地であったこうした土地を代金を払って買い取れということなので、おそらく社寺側としては納得のいくものではなかっただろう。だが、受けなければ他の希望者に払い下げると政府に示唆されたこともあり、これに応じざるを得ない状況に追い込まれたのである。本門寺は、一八九二（明治二五）年に政府から山林を買い取ることになった。[9]

だが、当時の本門寺には払い下げのための資金をすぐに用意できるほどの余裕はなかった。やむなく借り入れをして支払ったが、今度はその返済に苦しめられることになる。そこで、系列寺院からの寄附を受けたほか、浅草で出開帳を開催するなど、その返済に努めた。[10]

このように、明治維新は本門寺に大きな困難をもたらした。だがその一方では、明治時代に入っても依然として多くの参詣者が本門寺を訪れていた。

本門寺が最も賑わうのが、毎年一〇月の日蓮の命日に合わせて開かれる「お会式」である。お会式は、日蓮宗の宗祖日蓮が没した日に行われる法会で、各寺院で盛んに行われているが、とりわけ日蓮

本門寺のお会式　『風俗画報臨時増刊　東京近郊名所図会第10巻』（1911年２月）

入寂の地とされる本門寺のお会式は大規模なものだ。明治三〇年代初めの東京の習俗を伝える『東京風俗志』では、その情景を次のように伝えている。

> 信徒その前日より隊をなし、万度をさゝげ、団扇太鼓をたゝきて、題目を唱へながらに詣りて参籠する者、雲の湧くが如く、太鼓の響、耳を聾するばかりなり。大森より山門に至る間、粟餅、枝柿《えだかき》、麦稈《むぎわら》細工などの店、舗くが如くに列なりて、雑遝《ざっとう》いふべからず。為めにまた新橋、大森間に特に臨時汽車を発す。[11]

第二章では、新橋—横浜間鉄道の開通直後から川崎大師の縁日に臨時列車が運転されていたことに触れた。それと同様に、本門寺のお会式に際しても開業直後から臨時列車が盛んに運転されていたのだ。参拝者は大森駅から徒歩や人力車などで本門寺へと向かっていたようだが、はやくから本門寺の近くに駅ができることがうわさになるなど、[12] 鉄道を利用して本門寺を訪れる人々が多かったことはたしかだ。

お会式当日となると、官設鉄道では、一日に数十本もの臨時列車を大森まで運転したが、それでも押し寄せる乗客を捌《さば》ききれず、品川から直接本門寺まで歩く人たちが続出するような状態だったという。[13]このことは、当時本門寺のお会式が東京市内の人々に支えられていたことの反映でもあった。江戸時代からお会式になると江戸の市中から数多くの講中が来山していたが、[14]その状況は、鉄道が開通することでより顕著になっていたのである。

3　お会式と「連れ込み旅館」

田山花袋が描いた「明ぼの楼」

鉄道開通によって、より多くの人々が訪れるようになっていた本門寺とその周辺では、参詣地としての整備が進んだ。参道に数千本の桜が植樹され、[15]日本橋の問屋筋が参詣の際の定宿としていた玉泉館丹波屋[16]でもあらたに梅林を造成するなどしていた。[17]明治三〇年代に池上を訪れた大町桂月が「大なる丘に拠りて眺望あり、老樹しげりて、形勢の雄偉なる、都下附近の仏閣中こゝが第一也」[18]と評しているように、本門寺およびその門前は明治時代においても東京近郊最大級の参詣行楽地のひとつであった。

もうひとつ、本門寺門前の呼び物として登場するのが、鉱泉旅館であった。本門寺の境内から湧き出る鉱泉を利用して一八八六（明治一九）年に開業したのが光明館である。この鉱泉は「諸病に効験がある」とされていた。[19]光明館の経営は順調だったようで、翌年三月には和式、洋式の客室および浴

池上温泉場盛栄の図　大田区立郷土博物館蔵

室を増築するなど、発展を続けた。[20] 東京から近くて、古くから知られた名所であった当時の池上には、こうした施設ができるのに格好の条件が整っていた。

前章の穴守稲荷のところでも触れたが、東京南郊のこの地域周辺では、鉱泉が湧出することが多く、明治期にはそうした「温泉地」が数多く開発されていた。[21] こうした「温泉」は、鉱泉を沸かしたいわゆる「疑似温泉」だったが、交通機関が未発達であったこの時期には、各地で市民が気軽に訪れることができる本物の温泉の代用としての役割を果たしていた。[22]

本門寺周辺にはこれ以外にも似たような施設が建設されていったようだ。「明ぼの楼」（曙楼）もそのひとつだ。この施設に関して池上を訪れた田山花袋は次のように記している。

この本門寺の東の山の表に当つて、鉱泉宿兼料理屋の明ぼの楼がある。半《なかば》、丘に凭《よ》つて建てられてあつて、その入口は丘の下になつてゐるが、楼は階梯《はしご》で高く上へ登つて行くやうになつてゐる。矢張、梅の名所で、楼をめぐつて皆梅花である。春は遊客がかなりに多く集つて来る。

曙楼　大田区立郷土博物館蔵

この家は一方つれ込宿で、客がよく芸者などを伴れて泊りに来る。[23]

「明ぼの楼」は温泉兼料理屋だが、単にそれだけでなく、「つれ込宿」的機能をもっていたわけだ。紀行作家の松川二郎も「あけぼのは聞こえた旅館だ。東京あたりから多くつれ込みで行く処[24]」と記している。本門寺門前の鉱泉旅館にはこうした役割があったことはたしかなようだ。穴守稲荷や成田山でもそうだったが、行楽地的な性格もあわせもつ大きな社寺の門前町には、こうした場所がつきものということだろう。また、毎年一〇月に行われるお会式に際しても、境内地における「風俗紊乱」の取り締まりがあることや品川の貸し座敷の繁盛が新聞紙上で報じられている。[25]

神社仏閣の門前にこうした機能があることが多いことは、古くからよく指摘されてきたことだ。遊女に聖性を認めるなど、宗教的な役割との関係で論じられることもある。一方で「売春に、ことさらな『起源』は必要なく、世界各地で自然発生したと考えるべき」として、こうした「起源論」を退ける見方もある。神社仏閣の門前にそうした機能が集積したのは、単にそこに人が集まる場所だったからだという主張だ。[26]

こうした「起源」をめぐる論議は筆者の手に余るが、ここで形成された機能は本門寺の門前であることと大きな関わりがあったことはまちがいない。少なくとも、古くから神社仏閣の門前が猥雑な機能をもち、それが近代においても引き続き再生産されていたことはここでも確認できる。また二〇世紀初頭以降、交通が発達すると、匿名性が確保しやすい郊外では、連れ込み宿などが数多く立地するようになった。性愛の空間としての役割も強くもつようになっていたのである。[27]

4　久保田日亀の改革

日蓮宗の紛争

一八八八（明治二一）年八月、本門寺の貫主（住職）を務めていた新居日薩が死去し、それをきっかけとして「後董紛争」と呼ばれる激しい跡目争いが勃発する。これは、直接的には本門寺の住職の座をめぐる争いだったが、日蓮宗全体にも関わる問題でもあった。

日蓮宗は、「総本山」である身延山久遠寺の下に、本門寺を含むいくつかの「大本山」が置かれるという制度になっていた。本門寺は一般の末寺に比べて特権的な位置づけを与えられてきたのである。ところが、大本山を廃止するべしという主張がこのころ日蓮宗内で強くなってきていた。そうした廃止派とそれに反対する大本山派と、両者の対立が激しくなっていたのである。

新居日薩は死の直前、本門寺と同じく大本山である中山法華経寺の貫主であった久保田日亀[28]を自らの後任に指名していた。だが、久保田は大本山派の頭目と目されていたこともあり、日蓮宗管長はこれを認めず、内紛が顕在化した。宗教を所管する政府・内務省も巻き込んだ足かけ三年にわたる激しい抗争（のちに「後董紛争」と呼ばれるようになる）の末、一八九一（明治二四）年にようやく和睦が成立する。その結果、本門寺はいったん鶏渓日舜、続いて河田日因を貫主として迎えた。これには、紛争の一方の当事者であった久保田を直ちに後任にはできないという事情があったともいわれる。[29]

積極策の矢先の火災

そうした経緯の末、一八九九（明治三二）年三月、河田日因が病気のために住職の座から退いたのを受けて、久保田日亀が本門寺貫主に就任した。

天保一二（一八四一）年に清水で生まれた久保田は、一〇歳で得度を受け僧侶となった。その後、新居日薩の弟子となり、新居が日蓮宗内で要職を務めるようになるとともに、次第にその後継者と目されるようになったようだ。先に述べたとおり、一連の紛争のあおりを受けて久保田はしばらく本門寺から遠ざかることを余儀なくされていたが、事態が収束したところで、「内外の輿望を一身に集めて」[30]、満を持して貫主に就任したのである。

貫主となった久保田は、寺内の機構改革や山内建物の修築など、積極的な事業を進めはじめた。とくに、釈迦堂をはじめとする伽藍の整備修繕は、本門寺だけでなく日蓮宗全体の宗教活動を活発化させるためにも、とりわけ力を入れていた。[31]

だが、その矢先に大きな不幸が訪れる。一九〇一（明治三四）年三月九日、本門寺は火災に遭い、

久保田日亀　『池上本門寺百年史』より

客殿や庫裡など中門内の建造物をすべて焼失してしまったのである。[32] これらの建物の多くは、どちらかといえば一般の参拝者が訪れるものではなく、釈迦殿や五重塔といった主要伽藍は無事だった。とはいえ、境内の整備を進めはじめようとしていた久保田にとって大きな打撃だった。

本門寺は再建計画を立てたが、大々的な募金活動をはじめざるを得なくなった。当初の計画では五年間で復興を完了する予定だったが、日露戦争などの影響により事業は大きく遅れた。[33] 加えて、それまで進めていた釈迦堂の修繕募金も継続して行うこととなり、その負担も重くのしかかっていた。この時期、本門寺はいくら資金があっても足りないような状況に陥っていたのである。

5　池上競馬場をめぐる思惑

東京競馬会会長・加納久宜

そうした中、降って湧いたように起こったのが、池上競馬場設置問題であった。

明治初期から国内では競馬が行われてきたが、このころに馬券発売が具体的に検討されるようにな

本門寺の再建工事　『風俗画報臨時増刊 東京近郊名所図会第10巻』より

っていた。馬匹改良がその目的である。日本の在来種の馬は、欧米で主流だったアラブ種に比べて馬格が極端に劣っていた。とくに日露戦争では強力なロシア軍の騎兵との戦いに苦戦したこともあり、馬格の改良は国防上の大きな課題となっていた。その資金を確保するために、競馬事業を利用することが唱えられたものだった。[34]

こうして、全国各地で競馬事業のための団体が次々と設立され、競馬場の建設が計画された。一九〇六（明治三九）年に設立された東京競馬会もそのひとつである。同会は役員に当時の政財界の有力者を招くなど、最も有力な団体のひとつだった。

会長となった加納久宜は、競馬場を建設する場所としては、面積が広くかつ交通が便利なことが条件と考えていた。[35]競馬場は馬を走らせるうえに、多くの観客を集めなければならないため広い敷地を必要とするからだ。そうした理由から、郊外に立地が求められることとなった。

このころの加納は大森駅を見おろす台地に屋敷を構えており、城南信用金庫の前身となる入新井信用組合を設立するなど、現在の大田区周辺を拠点に活動を行っていた。そうした事情もあったのか、東京近郊の中から、いわゆる城南地域の二ヵ所に候補地は絞られた。

第一　品川大井両町より北の方、之に接する他村の区域内に亘れる一帯の岡陵地
第二　池上村及び隣せる多摩、蒲田各村一帯の田圃[36]

加納久宜

調査の結果、第一の候補地は価格や地形の面で条件に合わず[37]、第二の候補地は種々の問題はあるものの「不完全ながらも」条件を満たしているとして、最終的に池上村内への設置が決定された。

本門寺の思惑と安田伊左衛門の危惧

池上が競馬場の候補地となった大体の経緯は以上のようなものであった。だが、その背景には、本門寺の存在があったようだ。本門寺側から加納に対して次のような申し入れがなされていたという。

田地を耕作せしめるのは年貢が納まらず、なかなか手数を要し不経済なるが故に、管理に困るから是非土地を使用されたい[38]

東京競馬会が競馬場用地を物色していることを知った本門寺は、会長である加納に売り込みをはかったのである。これは東京競馬会側の資料、しかも回想なので、どの程度真実を伝えているのかはわからない。だが、先に見たとおり、当時の本門寺が資金を必要とする事情を抱えていたことはたしかだ。

当時本門寺は、数十町歩に及ぶ土地を所有していたが[39]、このうち一部を東京競馬会に三〇年間貸与することで約三割の増収を見込んでいた[40]。またこの時期、本門寺ではこれとは別に田畑の売却を進めていたが、これも近年収入が減少してきたことをその理由として挙げている[41]。つまり、小作料よりも競馬場の借地料のほうが多くの収入が見込めると本門寺は判断したのだ。

以上の事実から、本門寺側から東京競馬会に積極的にアプローチしたというのは、十分に考えられることだ。候補地はすべて本門寺の所有地なので、一括して契約することができるという点を強くアピールしたようでもある[42]。

安田伊左衛門

だが、東京競馬会側には本門寺の姿勢に不安を感じる人物もいた。それが安田伊左衛門である。現在安田の名は中央競馬会の重賞競走「安田記念」で知られているが、当時東京競馬会で加納会長の片腕として辣腕をふるっていた人物だ。

安田は加納に不安を伝えたが、「僧侶は仏の使なれば、仏が嘘を言ひ間違を起す筈がない」[43]と、いっこうに意に介するふうではなかったという。加納は、鹿児島県知事や農業者の団体である農会の組織化、さらには前述した入新井信用組合を設立するなど、行政や産業の分野で活躍した人物だったが、もとは上総一ノ宮藩主の正真正銘の「お殿様」であった。あるいはこうした人種特有の「お人好し」の面があったのかもしれない。

　こうして、一九〇五（明治三八）年一〇月八日に開催された本門寺常置議員会は、本門寺所有の田地を、田一反につき米一石の割合で東京競馬会に貸与することを可決し[44]、競馬場を池上に設置することが本決まりとなった。

馬券目当てに押し寄せる客

だがまもなく安田は、本門寺側の当初の触れ込みとは異なり、競馬場の予定地はすべてが本門寺の所有地ではなく、他の地主の土地も交じっていることを知らされることになる。

　本門寺がそのことを隠して競馬会と交渉したのは、そうしないと「競馬場を引張つて来ることが出来ない」からであり、本門寺が「計画的に嘘をついた」のだ——安田はそう認識していた[45]。

　安田が言うように本門寺に加納をだます意図があったかどうかはわからない。だが、競馬場の予定地には本門寺以外の地主の所有地が交じっており、その対応に苦慮したことははっきりしている。どうやら、本門寺がもっていたのは馬場の外周部の土地だけであり、馬場の内側には他の地主の土地が交じっていたようだ[46]。

　以上のようなごたごたはあったが、池上競馬場は一九〇六（明治三九）年一一月に開場にこぎつけ

池上競馬場　『日本競馬史第２巻』より

た。[47] 完成した池上競馬場は、総面積およそ四万五〇〇〇坪、[48] 二棟ある馬見場は、東京美術学校教授古宇田實の設計による耐震・耐風建築であり、天皇の臨席を想定した「玉座」や「御便殿」が設置されていた。[49] 当時としては日本でも有数の規模と格式をもつ本格的な競馬場であった。実際、第一回競馬には伏見宮、東久邇宮、朝香宮などの皇族も来場している。[50]

馬券を発売することもあって、池上競馬場には多くの観客が押し寄せた。東海道線も京浜電鉄も競馬開催日には臨時列車を運転して乗客を捌いた。[51] 毎年一〇月に開催される本門寺のお会式では、境内や門前に多数の出店などが軒を連ねるのが恒例となっていたが、開場の翌一九〇七（明治四〇）年一〇月のお会式では、競馬場の観客が流れることもあって、露店や見世物小屋の出店料が数倍に高騰していたという。[52] このように、競馬場の設置は本門寺の参詣者にも大きな影響を与え、郊外行楽地としての池上の付加価値を高める効果があった。

池上競馬場に限らず、多くの人々が競馬場に足を運ぶのは、馬券の購入が目当てだったからだ。当時、政府は馬券の発売を公認していたわけではなかったが、実際に発売するのに対しては黙認する姿勢をとるようになっていた。こうした中で、池上競馬場は初の馬券発売をともなう競馬として開催されたのであった。[53] 競馬場に多くの人が集まっていたのは、競馬のレースそのものを観戦するのに加えて、ギャンブルとしての楽しみがあったからだ。

マイナス九五パーセント

ところが、馬券発売が黙認されていた時期は長くは続かなかった。わずか二年後の一九〇八（明治四一）年、政府は馬券販売を厳しく取り締まる方針を打ち出し、馬券の販売はされなくなる。すると、たちまち各競馬場の入場者数は激減した。

馬券を発売していた一九〇八年春季の池上競馬場入場者は、一万六八九九人を数えていた。それが馬券禁止後の同年秋季には、一挙に八三八人まで激減している。[54]対前季比で見ると、マイナス九五パーセントである。壊滅状態だといって過言ではない。やはり賭け事抜きで純粋に馬のレースを楽しむという人間はごく少数だったのだ。馬券の購入ができなくなった途端、池上競馬場の繁盛は見る影もなくなったのである。

馬券販売の収益が見込めなくなると、各地にあった競馬団体は統合を余儀なくされるようになった。東京競馬会も一九一〇（明治四三）年には他の団体と合併し、東京競馬倶楽部を結成、池上競馬場は目黒競馬場へと統合され、わずか数年で閉鎖されることとなった。

池上競馬場の閉鎖は、そこからの地代を当てにしていた本門寺にとっても大きな打撃だった。さらに本門寺は、東京競馬会に貸与している土地のうち二町六歩を五万円で売却することにしていたが、[55]これも同会が清算する過程で契約が解除され、[56]その売却益も望めなくなった。のちに本門寺の会計執事となった石川謙静は当時の状況を次のように回想している。

明治卅七八《（四十一）》年頃、競馬法の改正と共に池上にあった競馬場が目黒に移って、競馬場に貸してゐた土地は結局不毛の地といふ事になって了ったのであります。従って十数町歩から上る地代が上らなくなって了ったので、本山としては経営困難に陥って了ったのであります。[57]

本門寺にとって、競馬場の誘致は財政再建の切り札だったはずだ。だが、結果として見ると、かえってその前より状況が悪化するという事態となってしまった。大客殿の復興などの資金が費やされたにもかかわらず、東京競馬会からの地代が途絶えたのである。さらに悪いことに、競馬会から返還された土地は、いったん競馬場として使われたために地形や水路が大きく変わってしまっており、ふたたび農地として利用することもできなくなっていた。[58]いよいよもって本門寺の財政は危機に瀕した。

こうした状況の下、貫主である久保田日亀は一九一一（明治四四）年四月に、七一歳で死去した。[59]数年にわたる紛争を制し、輿望を担って本門寺住職に就任した久保田だったが、その在任中には多くの困難に直面し、課題を残した形で後任者に引き継がざるを得なかったのである。

6 〝虚業家〟高柳淳之助と池上電鉄

財政再建と「山内禁酒」

一九一一（明治四四）年七月、藤原日迦が貫主に就任した当時、本門寺は「財政を立て直さなければならない岐路」[60]に立たされていた。藤原は、かつて住職を務めていた片瀬の龍口寺において、参詣者集めのために浄財を募って五重塔を建立するなどしており、[61]その実行力には定評があった。

事態を打開するため、本門寺は競馬場跡地の一部一〇町三反を二万七四〇〇円で売却している。[62]実は、その土地は、それまで本門寺内負債の返済には流用できないと定めていたものだった[63]のにもかかわらず、負債の返済のために相場に比べて格安で売却したのである。[64]だが、その売却の是非をめぐって山内に紛争が起こってしまい、[65]さらに危機を招くという悪循環に陥っていった。

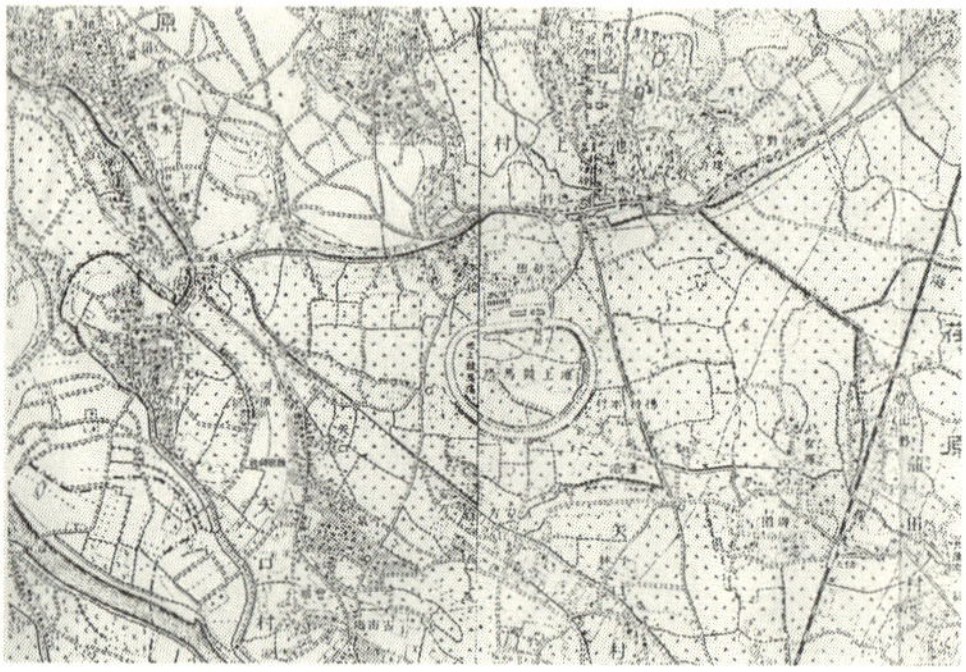

池上競馬場とその周辺

一九一二（明治四五）年四月には、懸案であった大客殿がようやく完成したが、それでも状況は好転しなかった。[66]月末の支払いが終わると、その翌日から次月の支払いの支度にかかるという状況で、[67]まさに財政は火の車であった。

こうした事態を、藤原貫主らは放置していたわけではない。新たに会計執事に就任した新倉海存を中心に、財政再建のためのタスクフォースが結成され、帳簿の点検を進めるとともに、さまざまな財政再建策が実行されたのである。[68]

本門寺は総本山久遠寺に次ぐ大本山ということもあって、日常的にかかる経費も莫大な額に上っていた。[69]とくに、当時は来客に酒を出すことが常態化していたが、新倉らはこの慣行の廃止に踏み切った。[70]実際のところは、来客用のほか山内での晩酌用にも酒が支給されていたようで、[71]本門寺全体ではかなりの量の酒を消費していたらしい。これには「本山、末寺からも、非常な苦情が出た」が、新倉らは断固として山内での禁酒も徹底したという。[72]まさか酒断ちをした効果だけではないだろうが、講の組織化を図るほか、緊縮財政も実行した結果、ようやく一九一四（大正三）年ごろから、状況好転の兆しが見えはじめたという。[73]

藤原日迦　『池上本門寺百年史』より

池上への鉄道計画

本門寺の経営再建が軌道に乗るのと相前後する形で、池上への鉄道計画が具体化しはじめた。

東京市内から参詣地として知られていた池上であったが、そこまでの鉄道敷設は、明治時代からいくつも計画されていたものの、いずれも実現には至っていなかった。東京市内で路面電車を営業する東京電気鉄道が、もとの川崎電気鉄道という名前であったころ、池上を通る大森や川崎方面への路線を計画していた。[74]また、それとは別に、穴守人車鉄道が、大森を起点とし穴守稲荷、川崎大師、池上本門寺というこの地域の主要参詣地をすべて結ぶ路線を目論んでいた。[75]しかしこれらの計画は、いずれも実現を見ることはなかった。

一九一二（大正元）年一二月二八日、目黒と大森を結ぶことをめざして池上電気鉄道が敷設を出願した。松方五郎以下この鉄道の発起人たちは、基本的に東京市内の資本家たちであり、本門寺の関係者が主体となって計画したものではない。

その申請書では「今ヤ東京市ノ膨張ハ日一日四面ニ展開シテ底止スルトコロナカラントス」「乃チ目黒、池上、大森方面ノ如キ大ニ刮目シテ親睹スベキ者ト信ズ是茲ニ本計画ヲ策立シタ所以ナリ」としているように、東京の都市化に対応して郊外への路線を展開することを大きな目的に挙げている。だが、同時に「本線成ルノ日ハ少時間ニ於テ目黒、洗足池、池上、大森ヨリ河崎大師羽田稲荷ニ連絡シテ回遊スルコトヲ得ルノ一大便益ヲ起スモノ[76]」ともしており、社寺への参詣も大きな目的として挙げていた。

近代初期に計画された電気鉄道の多くが参詣行楽輸送を大きな目的としていたことは、ここまでたびたび触れてきた。この池上電気鉄道の敷設申請書でも、目黒不動、洗足池、池上本門寺を中心に、川崎大師や穴守稲荷を回遊するルートを形成することを謳っている。だが、時代状況を反映してか、東京の都市化の進行に対応するという目的がより強く打ち出されていることも注意が必要である。池上電気鉄道は、その名前が示すように、社寺への参詣を中心とする郊外の行楽をひとつの大きな柱に据えていたが、同時に都市化に対応した住宅地開発目的という二面的な性格を当初からもっていた。一九一四（大正三）年四月、池上電鉄は政府から敷設免許を受けた。そして当初は順調に事業が進行しているように見えた。だが、そのうち次第にその進捗が滞るようになる。起点を目黒から五反田に変更するなど迷走を続け[77]、なかなか工事に着手できない状態が続いた。

「金儲けは電車に限る」

そのような混乱に乗じて池上電鉄の経営に乗り込んできたのが、高柳淳之助という男であった。一八八二（明治一五）年茨城県に生まれた高柳は、中学校を中退後、小学校の代用教員を皮切りに、中学校講義録の通販会社社員、新聞記者など職を転々とする。一九〇七（明治四〇）年には初の著書となる『小学卒業立身案内』を出版。人生指南本のようなものであったが、その中には蓄財の具体的な方法も記していた。この本はよく売れたらしく、たちまち版を重ねることとなる。その後、『家庭秘訣問答』『女の心得』『大奇術独習』『奇術秘法全集』といった女性向け実用書や手品のハウツー本などを出版。大正に入ると『金をふやす法』『借金整理法』『株の予想』などの経済実用書や投資家向け雑誌『貯金之研究』を出すようになり、やがて金儲け指南が本業のようになっていった。

高柳のビジネス手法は、情報の乏しい地方の小金持ちに自らが発行する投資情報紙を送りつけ、巧みな文章で勧誘するというものだった。だが、その利殖法を実行して大損する投資家が続出し、大きな批判を浴びている[78]。ようするに、まともな学歴も財産もない裸一貫から、怪しいビジネスにも手を染めながら、自らの才覚でのし上がってきたのが高柳という人物であった。この男が、商売のタネとして電鉄に目をつけたのである。

錦糸町と小松川を結んでいた城東電気軌道が、荒川放水路の開削により路線が分断されることになった際に、株価が暴落した。このとき、政府から補償金が出ることになったのだが、高柳はそれをいち早く察知し、転売によって巨額の利益を得たと回想している。[79] 彼の回想には多くの虚偽や事実誤認が含まれており、額面通りに受け取ることはできない。[80] だが、重要なのは、彼がこれをきっかけに電鉄で儲けることを覚えたということだ。高柳は次のように言い放っている。


金儲けは電車に限ると私は思った。同じ柳の下にドジョウがいないかと目を皿にして電車を見て歩いた。ところがあったよ、あったよ、いい電車が見つかった。それが池上電車だ。[81]

前述したとおり、工事着手が遅延し事業の実現が危ぶまれていた池上電鉄だが、その経営権を高柳が握ることとなる。池上電鉄の株式を取得した高柳は、一九二二(大正一一)年四月二〇日社長に就任した。

高柳はまともな実業家ではなく、株価を上昇させ転売益を得ることだけが目的の「虚業家」だったとの評価が一般的だ。しかし、たとえ彼の活動が投機目的だったとしても、事業自体が最初から成り立たなかったり、株価の上昇の見込みがなかったりすれば、その企みは成り立たない。[82] 池上本門寺へと向かう電車は十分に事業として成り立つと、高柳が判断したことはたしかなのである。

実は、高柳が鉄道業を意識しはじめたのは、城東電気軌道の件よりも以前に、奈良県の生駒山宝山寺への参詣輸送を目的として建設された生駒ケーブルを見学したときだった。その後も、筑波山鋼索鉄道や鹿島参宮鉄道など、ほかにも高柳が関与した鉄道があるが、その多くは参詣に深く関わるものであった。[83]つまり、そうした性格の鉄道が利益を回収できる可能性が高いとみなしていたことを示している。

さて、高柳は社長就任からわずか半年後の一〇月六日に、池上—蒲田間を開通させた。この開業日は一二日に開催されるお会式を意識したものであったことは明らかであった。[84]先に触れたように、池上電鉄の性格は当初から二面性をもっていたが、池上—蒲田間だけが開通したこの時期は、本門寺への輸送に多くを頼らざるを得なかった。東京市内への通勤を考えるならば、まず五反田から開通させていくべきところだ。だが、あえて池上から蒲田の間をまず開通させたところに、開業当初の池上電鉄の性格を見てとることができるだろう。

高柳淳之助　『事業を生かす頭』より

7 「田園都市」化する池上

浮上する競馬場跡地

池上電鉄開通のころから、その周辺の地域は都市化の影響を強く受けるようになりはじめていた。一九一八（大正七）年には、洗足池地区や多摩川台の開発をめざして田園都市会社が設立されるなど、周辺の地域では住宅地化の動きがめだつようになりつつあった。こうした流れに乗るような形で、新聞では「田園都市」的な住宅地開発の必要性がさかんに唱えられていた。[85] 池上電鉄もこうした動きに刺激を受けたのか、「郊外居住地として実に近郊第一の優勝地」[86]と、衛生的な郊外住宅地域としてのアピールを強く打ち出すようになっていた。

田園都市会社以外にも、この地域ではディベロッパーによる住宅地開発が盛んになる。一九二〇（大正九）年二月に創立された荏原土地株式会社は、洗足を中心として住宅地の開発を手がけていたが、その次の開発エリアとして池上に目をつけ、土地を買収していた。[87]

実はこの土地こそ、かつて池上競馬場があった場所の一部であった。つまり、本門寺が東京競馬会に貸与し同会撤退後に焦げついていた土地を、荏原土地が取得し住宅用地として造成したのである。同社は、この池上住宅地を本門寺の門前にあることを強調するとともに、衛生的で健康的な住宅地として喧伝した。[88]

一九二一（大正一〇）年に五八三五人であった池上の人口は、関東大震災が起こった一九二三年には七四〇〇人、一九二五年には一万人を突破し、急激に増加している。[89]また、一九一二（大正元）年時点で一三二七棟あった木造建物は、大正時代が終わる一九二六年には五五七二棟に増えている。[90]増加した人口の多くは、小規模な木造家屋に住んでいたのは明らかであり、この間、住宅地開発が進んだことを裏づける。さらに昭和に入ると、競馬場跡地の残りの土地も目黒蒲田電鉄を通じて住宅地として分譲されていった。[91]

高柳の転落と池上電鉄の変容

池上電鉄実現の立役者となった高柳淳之助は、一九二五（大正一四）年九月、多額納税者として貴族院議員に互選されるに至った。

当時の貴族院は、華族からなる有爵議員が多くを占めていたが、その他に学識経験者や官僚出身者から勅任される勅選議員、そして各府県の多額納税者から互選される多額納税者議員などで構成されていた。[92]つまり貴族院議員とは、旧大名や公家、高級官僚や博士といった当時の日本のエスタブリッシュメントが顔を並べていたのである。高柳は、まともな学歴も財産もない一介の代用教員からのし上がり、ついに当時の「貴顕紳士」と肩を並べるような地位を手に入れたのである。

それ以前も、高柳は衆議院議員であったことがあり、代議士という肩書を利用して出資者を信用させて投資を募るという手法をとってきた。貴族院議員になったのも信用を高めて事業の拡大につなげたいという狙いがあったのかもしれない。だが、エスタブリッシュメントが居並ぶ貴族院に議席をもつというのは、ある意味やりすぎたともいえる。当選後、さっそく当局に目をつけられることになっ

池上電気鉄道乗客数の推移　『大東京ニ於ケル交通ニ関スル調査』より

	1927年	1930年
蒲田	632,690	1,501,126
蓮沼	84,748	189,636
池上	553,978	839,591
慶大グランド	14,579	434,924
東調布	33,937	413,382
調布大塚	6,958	73,045
雪ケ谷	14,305	113,329
石川台		231,120
洗足池	17,883	388,456
長原		357,204
旗ケ岡	33,101	995,922
荏原中延	81,762	1,459,815
戸越銀座	147,413	760,706
桐ケ谷	51,251	331,887
大崎広小路	194,581	324,909
五反田		3,917,392
新奥沢		52,438

た。選挙区に居住実態がなかったことを暴かれて、議員の辞職に追い込まれてしまうのだ。[93]

さらに、高柳の投資商法による被害者たちから告発され、検察当局が捜査を開始、詐欺、横領、公文書偽造などの罪で収監されるに至った。[94]「高柳事件」として当時の新聞や雑誌の記事を賑わせることとなる。結局、高柳は池上電鉄の取締役も辞任を余儀なくされ、失脚してしまったのである。

高柳淳之助が開業させた池上電鉄は、彼の失脚後に大きく性格を変えていく。都心から遠い蒲田から池上までを結ぶだけの路線だったのが延伸を続け、一九二八（昭和三）年六月には五反田まで全通し、山手線駅に直結した。その過程で、池上電鉄の輸送構造は、沿線の郊外住宅地からの通勤客に大きく依存するようになったのである。

一九一九（大正八）年に制定された都市計画法では、おおよそ江戸の範囲を引き継いでいた従来の東京市の範囲を大きく越えて、郊外の開発を図ることをめざしていた。東京駅から半径一〇マイル（約一六キロメートル）が「東京都市計画区域」（大東京）として設定され、住宅地域や工業地域といった機能別に区分けがなされた。

池上は、本門寺があるうえに「風景樹林等ノ佳良」であり、移住者が多い地域として認識されていた。[95]そうした環境が影響したのか、一九二五（大正一四）年には、周辺地域のほとんどが都市計画上の住宅地域として指定されている。さらに翌年には町制が施行され池上村は池上町となった。

健全な空間への志向と排除の論理

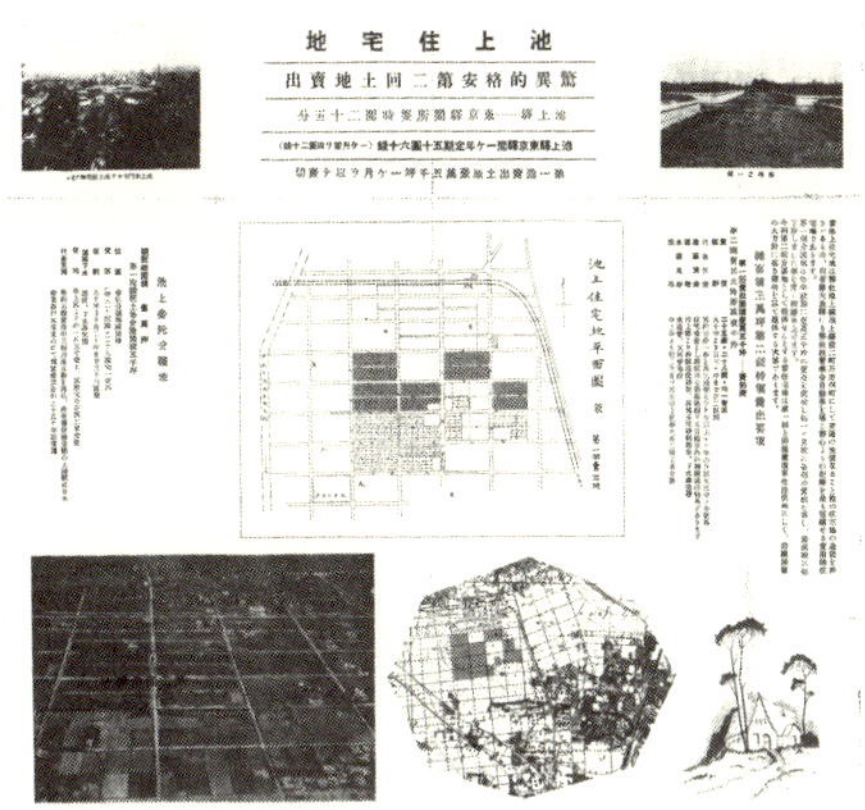

池上住宅地分譲広告　大田区立郷土博物館蔵

こうして、池上は「芸妓屋待合は一軒もなく活動写真、寄席、芝居小屋も一つもない」衛生的で健全な田園都市的な郊外住宅地域としての性格を確固たるものにしたかに見えた。しかし、同時にブローカーによる「芸妓屋町の指定地運動や活動常設館の設立」への動きも活発化するなど、[96]異なる方向へのベクトルも依然としてはたらいていた。

大正末期から昭和初年にかけて、東京ではそれまで存在した市内の遊廓などとは別に、郊外に二業地・三業地などの形で花街の設置が次々と許可されていた。[97]この時期の郊外は、一方では田園都市的な住宅地が展開すると同時に、他方では次々と花街が誕生していた時期でもあったのである。

隣町の蒲田周辺でも合計五ヵ所からの指定の出願があったとされており[98]、花街関係者の蠢動が活発化していた。このような流れの中で蒲田や大崎、五反田などが許可されていったのである[99]。しかしこの際には池上には認められることはなく、東京郊外の田園郊外的な住宅地域としての歩みを続けていった。

だが、衛生的で健全な空間への志向は、そこから外れた要素を排除していく流れでもあった。池上の「田園都市」化は、花街のような「風紀を乱す」施設だけでなく、病に侵された人々をも排除していったのである。

古くからハンセン病患者は差別や排除の対象となっていたが、一方では、仏教などの教えのもとで、救済の対象ともみなされてきた[100]。そうした中で寺社に罹患者が集まるということが古くから見られた。

近代に入ってもこうした状況は続いていた。むしろ、移動の自由が認められたことによって、罹患者が郷里から離れざるを得ないケースも増加した。つまり、地域社会が病者を放逐することを可能にしたのである。住み慣れた故郷を追われた人々は、特定の地域に集住することを余儀なくされた[101]。関東周辺では身延山久遠寺、龍口寺、中山法華経寺、成田山新勝寺、そして池上本門寺に患者が集まることが知られていた[102]。

一八九一（明治二四）年には、日蓮宗系の宗教家田中智学が本門寺の境内三〇〇〇坪を借用して[103]、ハンセン病専門病院大日本救世館を設立する[104]。田中智学は、日蓮主義と国体主義を合体させた国柱会を組織し、井上日召や石原莞爾といった昭和初期に活躍する右翼活動家や軍人に影響を与えたとされる人物である。さらに戦時中に大東亜共栄圏のスローガンとなった「八紘一宇」という言葉も造語するなど、一般的には右翼的な人物と見られがちだ。だが、同時に戦争廃止や死刑廃止を唱え、こうした社会活動にも熱心に取り組んでいた。

歴史的経緯をふまえれば、本門寺にハンセン病患者が集まり、その救済施設ができるのは、自然なことである。だが、当時本門寺を訪れる多くの人々は、それを好ましく思っていなかった。大正時代初めのお会式を訪れたある人物は、次のようなきわめて差別的な表現をもちいて、患者への嫌悪感を露わにしている。

例年此の附近には見るも胸悪き癩病の非人集合し居たるも、本年は品川署の注意にて寄せ附けざりしは嬉しかりき[105]

明治四〇年代に入ると、政府は公立療養所を設置して「浮浪」化したハンセン病患者の収容を次第に進めていった[106]。東京におけるハンセン病療養所は東村山に設置されたが、これとは別に、一九二八（昭和三）年一一月になって荏原郡病院が世田谷から池上町雪ケ谷へと移転するという計画が突如明らかとなった。この病院は、主に伝染病患者のために設置されていたものであったが、これに対しても池上町の住民たちは激しい反対運動を展開した。

反対住民らは、土地取引に不透明な部分があるとか、耕地整理中などを理由として掲げたが、同時に「日蓮宗ノ大本山タル本門寺ノ所在地」[107]であることを反対の論理の中核に据えていた。本門寺の門前にあることが同町の発展にとって不可欠であるとし、伝染病病院の移転によってその優位性が損なわれるという論理を展開していたのである。さらに、反対派の住民は、題目を唱え、太鼓を打ち鳴らして本門寺に参集するなど[108]、本門寺の門前にあることを、その運動において前面に押し出していた。

衛生的で健全な田園郊外的な秩序とは、こうした「異物」を排除することで推進されたという面もあった。そして、その際には本門寺の存在が最大限に利用されたのである。

五島東急の支配下へ

そうした問題をはらみながら、池上は東京の都市化に取り込まれつつあった。

毎年一〇月に行われるお会式には、明治時代を通じて東京市内から数多くの講中が参加していたが、その後交通が便利になるのと反比例するかのように減少を続け、代わって近在の講中が主役を占めるようになっていた[109]。また、明治時代に本門寺門前で営業していた江戸屋、丹波屋といった大きな料亭が昭和初期までに軒並み廃業する[110]。都市化に取り込まれた池上は、東京郊外の参詣地としての性格を急速に弱めていった。市街地からある程度の距離がないと、参詣や行楽の対象になりにくい。

一九三二(昭和七)年には、東京市が大規模な市域拡張を実施し、池上町は大森区に編入された。池上電鉄も、一九三四(昭和九)年に目黒蒲田電鉄(目蒲電鉄)に吸収合併されている。本章の冒頭でも触れたように、目蒲電鉄の出自は田園都市会社の住宅地の住人が都心部への通勤に使うことを主に想定して設立された電鉄会社である[111]。明治から大正にかけて誕生した電鉄の多くは、参詣や行楽を主な目的として設立されていたことからすると、まったく異なった経緯でできた電鉄だった。当時の目蒲電鉄は五島慶太が代表取締役を務め、近隣の電鉄を合併したり、支配下に収めたりしていた。池上電鉄もこうした流れの中で五島の支配下に入っていったのである。五島の系列下にある電鉄は、最終的に東急電鉄という形に落ち着いていった。戦後の東急は、同業他社に比べても際立って住宅地開発への志向が強かった。池上線の性格も、その強い影響下に置かれるようになったといえるだろう。

日本の「田園都市」が、職住近接の自立型都市であるイギリスのそれとは異なり、単なるベッドタウンに過ぎない、ということはよくいわれてきた。そうした日英の差異も、日本の「田園都市」が従来の社寺参詣に代わる収益源として生み出されてきたことを考えれば、理解しやすいだろう。イギリスのガーデンシティが反都市的色彩が強いのに対して、日本の「田園都市」が都市拡大に親和的なのも、こうした来歴が関係しているのかもしれない。

8　「赤線」誕生の危機と本門寺

変容する空間秩序と「特飲街」

戦中戦後の急激な社会変動は、田園郊外地域として定着しつつあるかに見えた池上にも大きな影響を及ぼした。

旧池上町周辺の大森区や隣接する蒲田区では、戦時体制下に急速な工業地化が進行する。一九四四（昭和一九）年には、現大田区域に東京都内の軍需工場の約四分の一が集中していた[112]。その年には、先に触れたように、洲崎遊廓の閉鎖によって転出した業者が羽田穴守などで営業をはじめている。戦後になると、軍需産業が解体したうえ、これも先述のとおり、米軍の飛行場接収にともなって遊郭業者がさらに武蔵新田などに移転していく。戦時中に形成された空間秩序は急激に変化を遂げた。

こうした状況の流動化を象徴するような事態が、一九五〇（昭和二五）年に起こる。事の発端は、この年の夏ごろから本門寺の門前に何軒かの飲食店の建設がはじめられたことであった。これは単なる飲食店ではなく、「特飲街」つまり特殊飲食街であることが明らかとなる。特飲街とは、戦後に出された公娼廃止令に対応して生まれた呼称で、要するに、遊廓などの売春施設を指すものであった[113]。「風光の上から公園地として名が通」り、「将来は文教の地として発展を約束されていた[114]」はずの池上本門寺周辺に突如として「遊興街」が出現したことに、地元民らは反発した。八月三〇日から三回にわたり池上小学校で対策協議会を開くとともに、行政機関などに活発に建築許可の取り消しを求めて陳情を行っている[115]。

しかし、業者側はこれに応ずる気配はさらさらなかった。業者の幹部の一人は「地元の反対などは大きく見れば社会の秩序を知らない人のいうことだ、取りあえず五十五軒作る予定だが吉原本牧に対抗するようなものにしたい、特殊喫茶を造つて観光客を引寄せ、大田区ひいては東京都の繁栄をはかりたい[116]」などと嘯《うそぶ》いたという。花街の建設が地域の振興に役立つという言説は、開発推進側が頻繁に用いていた論理であった。

ここで建てられた一一軒の〝特飲街〟は、同年九月から一〇月にかけて「カフェー」「旅館」「料理店」などとして警視庁の許可を得ていた。だが、実際には許可が下りる前の七月末ごろからすでに建設がはじまっており、その事実も地域の住民の反発を掻き立てた[117]。しかし、業者側に対する地元PTAらの反対運動は暗礁に乗り上げた[118]。

本門寺があってこその特飲街

結局、この問題は大田区政レベルでは処理できず、国会で証人喚問が行われる事態に発展した。一九五〇（昭和二五）年一一月一五日に開催された参議院厚生・文部連合審査会では、反対側の証人が特飲街に対する危惧を次々と表明した。彼らは、健全な住宅地域となっている池上に特飲街が形成されると、単に風紀が乱れるだけではなく、学校に通う生徒や児童たちに与える影響が大きいと主張した[119]。

これに対して、武蔵新田楽天地組合の責任者であった池田益太郎は、もともと洲崎遊廓にいた自分たちが、戦時中から戦後にかけての国策の変化に対応して洲崎から穴守へ、さらには武蔵新田へと移っていった経緯を説明している[120]。たしかに、戦時期には市内にいた業者たちが郊外へと次第に押し出されたのは事実である[121]。だが、目蒲線沿線の多摩川沿いの土地である武蔵新田から、すぐ近くの池上へ進出を図った理由については、現在地が手狭になったからなど、あまり明確な理由を述べてはいない。ただ、池上に旅館が必要なのはお会式の参加者のためだということは主張している[122]。

それが建前であることは明らかだが、そうであったとしても、本門寺があったからこそ特飲街が引き寄せられたと見ることもできよう。反対運動に携わった作家神崎清も「名さつ本門寺の所在によって池上の名がひろく都民に知られている」ことを、業者たちをして池上に目をつけさせた大きな理由のひとつとして挙げている[123]。

このころ、都市計画東京地方審議会では都市計画地域の見直しを図っており、池上周辺を住宅地域から商業地域へと変更する原案を準備しつつあった[124]。その理由については現在のところ明らかではない。だが、変更の動きがもち上がっていたことが、花街経営者たちに池上に進出させる要因のひとつであったことは十分に考えられるだろう。

結局、池上特飲街は、国会に取り上げられるほど社会的に大きな問題となったためか、組合側は建物を売却、問題は解決を見た[125]。また、都市計画地域の変更も結局は行われなかった。

この一連の経緯からは、空間秩序というものはけっして固定化されたものではなく、きわめて不安定なものであるということが理解される。そして、本門寺の存在が、地域の空間秩序のあり方に大きな影響を及ぼしていたことも明らかであろう。

戦後になってしばらくは、一〇月になるとお会式開催が報じられ、そのための臨時列車が運転されたことが新聞記事になるなどしていた。だが、それも昭和三〇年代を境にほとんどなくなっていった。

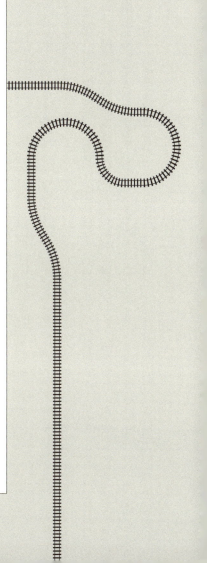

第五章

葬式電車出発進行

——寺院墓地問題と電鉄

前章まで見てきたのは、主に明治末期から大正初期にかけての、初期の電鉄の時代についてのことであった。本章ではそこからくだって大正時代後半以降、都市化の進行がいっそう本格化する時代に焦点をあてる。

急速な都市化にともなう諸問題に対応しようとする政府が、一九一九（大正八）年に都市計画法を制定したことは、すでに述べた。都市計画とは、市街地における用地の使用目的や道路や水道の配置を定めるものである。一見すると、それは神社や寺院とはほど遠い世界のように思える。だが、都市計画において無視できない大きな要素として、墓地というものがある。墓地は多くの土地を必要とするため、計画を大きく左右するものであると同時に、死者を葬る場所として古くから宗教的要素と深く結びついてきたものでもある。

近代に入ると墓地の脱宗教化が進められたが、実際には、現代に至るまで墓地と宗教施設、とくに寺院とは密接な関係をもち続けてきている（当然といえば当然のことでもあろう）。そして、実は電鉄とも深い関係をもっていたのである。

本章では、墓地―寺院―電鉄という三者の意外な関係について、都市化のさらなる進展という文脈の中で追っていきたい。

1　東京市区改正と寺院境内墓地の行方

火葬ができない！

本書でこれまで見てきたのは、いずれも多くの参詣者を集めてきた寺院、神社である。寺院と神社は、少なくとも参詣される場所という点では、両者に大きな差異は見出せない。そもそも、神社と寺院を明確に峻別すること自体が近代の産物ともいえる。だが、両者にはやはり大きな違いがある。

それが、寺院は「死」を取り扱うということだ。とりわけ墓地の存在は、神社との大きな違いである。江戸時代には寺請制度のもと、寺院と墓地は事実上一体化していた。とくに、江戸では大規模な共葬墓地は存在せず、基本的に遺体は寺院境内の墓地に埋葬されていた。寺院と墓地は密接不可分な関係をもっていたのである。

明治維新はこうした関係を一変させた。一八七一（明治四）年、政府はいわゆる社寺領上知令を発し、境内以外の社寺領を没収した。[1]この時には境内以外に限られていたが、続いて寺院の境内にあった墓地についても「共有地」とし、寺院の所有権を否定した。[2]

もちろん、実態としてはその後も寺院が占有を続けていたが、制度的には江戸時代以来の権利を奪われたわけである。一八七三（明治六）年八月には、旧朱引内での埋葬が禁じられる。[3]これで東京の市街地にある寺院墓地への埋葬は基本的にはできなくなった。

その前月には、政府は神道国教化の一環として、東京市中での火葬を禁止している。当時の国学関係者は、火葬を仏教的なものとして排撃したのである。火葬ができないとなると基本的には土葬するしかない。このため、当時は東京の市街地の外れであった青山や谷中、雑司ヶ谷などに神葬祭地がつくられ、そこに土葬することにしたのである。

火葬禁止にはさまざまな副作用があった。ひとつは衛生上の問題であるが、大きな問題をひきおこしたのは、一遺体あたりに要するスペースが火葬に比べてより大きいということだった。遺体を埋葬するための土地がたちまち不足するようになったのである。

結局、一八七五（明治八）年に再び火葬が解禁され、相前後して神道国教化政策も後退していった。その後、青山などに用意された神葬祭地は、一般の共葬墓地へと変わっていった。こうした一連の過程の中で、それまで寺院と密接不可分に結びついていた墓地政策の脱宗教化が進んでいったのである。

墓を郊外へ

江戸時代の寺院境内墓地から、青山や雑司ヶ谷などの共葬墓地、さらに昭和に入ってからは多磨霊園のような公園墓地へと、東京の墓地の主流は変化していった。[4]これが、これまでの通説的な見方である。だが、その後の実態を見てみると、こうした通説は必ずしもその後の実態を反映していない。

実は、関東大震災後の一九二五（大正一四）年に至っても、東京の寺院境内墓地は共葬墓地（多磨墓地を含む）の二倍以上の面積を占めていた。[5]明治大正時代を通じて、東京の墓地の主流は寺院付属の墓地であり続けていたのである。

東京市区改正は、明治時代の東京で行われた首都計画である。銀座煉瓦街計画など、それまでにも個別の都市改造事業はあったが、市区改正は、東京の都市構造を根本的につくり替えようとする総合的な都市計画だったという点で画期的なものだった。

都市改造事業を進めていくうえで、寺院の境内墓地が市街地の多くを占有しているのは望ましくないと内務省は考えた。そこで、東京市内に散在する寺院境内墓地をできるだけ郊外に移転させる方針を打ち出した。

だが、寺院境内にある墓地を郊外に移転するということは、寺院にとって大きく利害に関わる事柄であった。これらの墓地は、基本的に寺院の檀家が使っていたからである。都市交通がまだ整備されていなかった明治二〇年代に、墓地を交通不便な郊外へ移転することは、寺院から檀家が離れていくことに直結した。多くの寺院にとっては死活問題であったのだ。それゆえ、市区改正計画で寺院墓地の移転を目論んでいることが明らかになると、寺院側は各宗派が結束して反対運動を展開した。[6]

こうした動きに対して、当初内務省は寺院に対する強硬姿勢を崩さなかった。だが、明治三〇年代に入ると、寺院に対し移転の条件を改善するなどの取り組みもあって、[7]徐々に移転が進みはじめた。

当時における東京の郊外とは、豊島区や中野区といった主に山手線周辺の地域を指していた。現在これらの地域にある寺院の半分ほどは、市区改正事業の影響でこの時期に移転してきたものだ。また、その多くは墓地も一緒に移転している。だが、東京市内には依然として多くの寺院と境内墓地が残されていた。[8]

2　幻の葬式電車——宝城事業と京成電車

青山墓地の移転建議

東京の公共墓地として青山墓地が置かれた明治初期には、青山の地は東京でも市街地の外れの辺鄙な場所であり、とくに維新後東京の人口が急減していた時期は、かつて武家屋敷が建ち並んでいたあたりの一部は桑や茶の畑に変わっていた。

それが、明治後期になると、市街化の波が青山を飲み込み、東京市の外であった渋谷あたりにまで押し寄せるようになった。そうした状況のもと、一九一一（明治四四）年五月三日、東京市会は青山墓地の移転建議を可決する。[9] 東京では墓地不足が問題となりはじめており、青山墓地の移転と大規模な郊外墓地の新設が、新聞などでも主張されていた中でのことである。[10]

墓地の移転は、葬儀のあり方も変えることになる。明治時代には、葬式の後に葬列を組んで遺体を墓地まで送ることが一般的だった。江戸時代まで身分によって設けられていた諸制限がなくなると、葬列はどんどん派手なものとなり、一種の見世物と化すようになっていた。だが、墓地が郊外に移転してしまうと、歩いて葬儀場や墓地に行くには遠すぎるものとなる。葬列という習慣は廃れていく運命にあった。[11]

ただし、東京市会による青山墓地移転の建議は、具体的な移転先まで決めるものではなかった。大規模な郊外墓地を直ちに事業化するといった次元の話ではなかったのである。

京成電気軌道の創立と宝城事業

新たな郊外墓地を具体化することが、喫緊の課題として認識されつつあった。そのような中、郊外へと路線を建設しつつあった電鉄の中に、自らの大規模な墓地を建設することを目論む会社が出てくる。そのひとつが、京成電気軌道である。

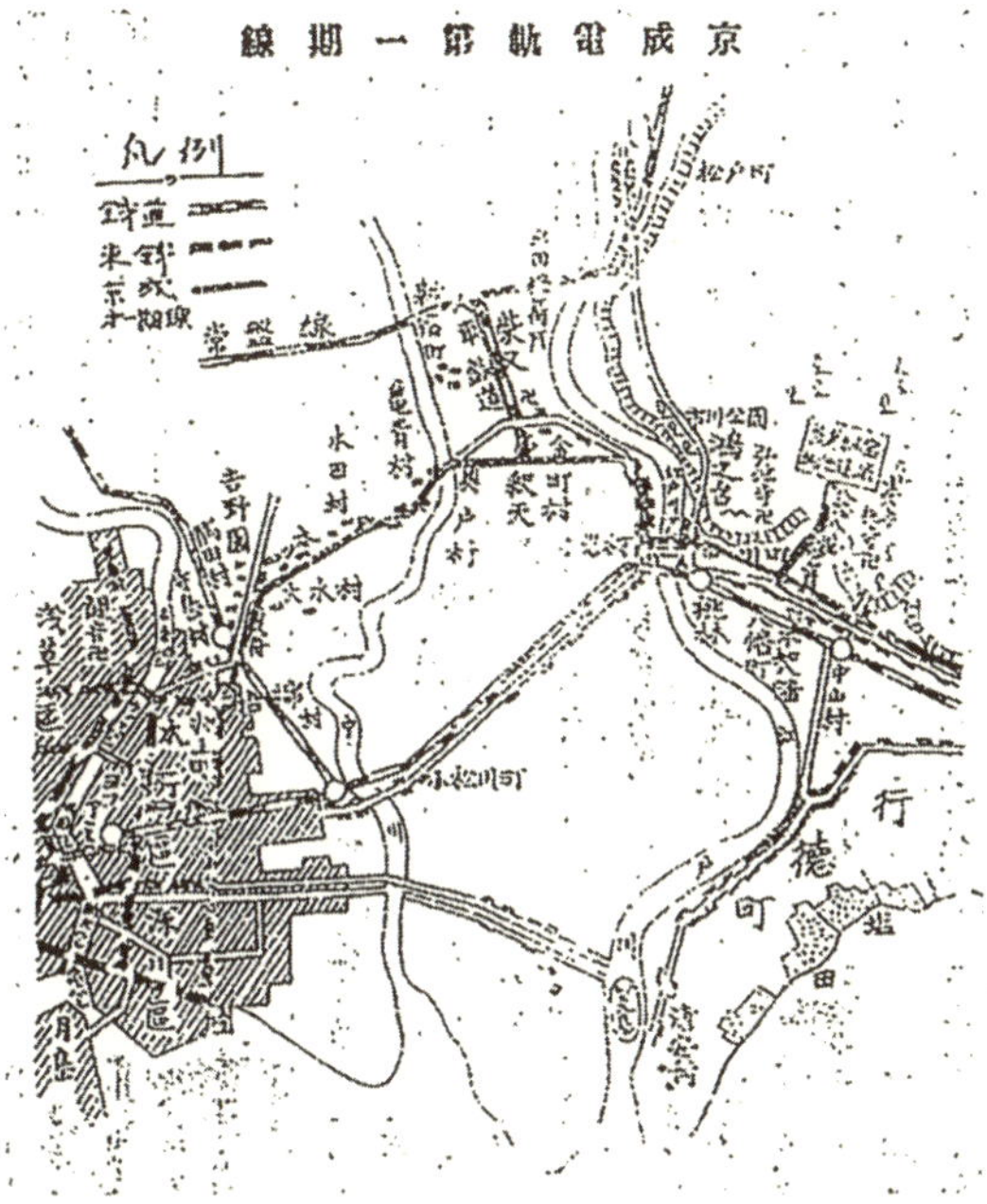

京成電気軌道の第一期線計画　『鉄道時報』1911年３月18日第600号より

京成電気軌道は、東京から新勝寺のある成田を結ぶという目的のもと、一九〇七（明治四〇）年五月に押上から成田までの鉄道敷設特許を受けている。だが、第一章でも触れたように、成田に達するのは約二〇年後の一九二六（大正一五）年のことだった。創立後しばらくの間は、成田進出は将来の構想とされ、「第一期線」として押上から千葉県中山（現・市川市）までの路線を建設することが当面の具体的課題となっていた。

現在は東京スカイツリーがある押上だが、当時は東京の市街地の端であり、東京の市街電車との連絡点でもあった。京成はここをターミナルとして、高砂で柴又帝釈天への支線と接続し、法華経寺のある中山までの路線を構想していた。[12] 沿線にはそのほか国府台や弘法寺で知られる真間などの行楽地も点在していた。社寺の参詣輸送に重きを置いていたのは、こうした路線構成からも明らかだ（のちに第一期線が開通して数年たった大正半ばでも、京成線は「東京市外に通ずる鉄線上に、コンナに崇《（ママ）》敬すべき信仰すべき神社仏閣を有するところはない[13]」などと、沿線の神社仏閣の多さが強調されていた。京成が住宅地開発に力を入れはじめるのは、一九三〇年代後半になってからである）[14]。

さて、この第一期線の目玉のひとつとして計画されたのが、「宝城事業」と呼ばれるプロジェクトである。[15] この事業は、「現下東京市ノ一大問題タル市内各宗寺院墓地移転ノ事業ニ最良至便ノ解決ヲ与フル」ことをめざして、「市内ニ散在セル各宗寺院ノ墓地ヲ一区域ニ集中シ茲ニ神聖ナル一大霊場ヲ建立[16]」するとしていた。要は、京成が音頭を取って郊外に大規模な墓地を建設するというプロジェクトだった。

京成電軌第一期線の終点として想定されていた中山から分岐して鎌ヶ谷付近までの約五マイル（約八キロメートル）の路線を建設し、[17] 鎌ヶ谷村の終点付近に総面積約九〇万坪の広大な墓地の設置を予定していた。[18] 単に墓地を建設するだけでなく、中央部に樹木や花を植えた三万坪の「遊園地」を設置し、その周囲には東京市内から移転してきた寺院を配置することも構想された。この事業地は、現在の海上自衛隊下総航空基地とその周辺にあたる。

さらに京成のターミナルである押上に、会葬者が遺体と別れを告げるためのお堂を建設し、そこから京成線を経て墓地の中央、遊園地まで直通する電車、つまり「葬式電車」を運転するということまで計画していた。[19]

　こうした構想の珍奇さについてはひとまずおくとしても、京成がどこで着想を得てこのプロジェクトを着手するに至ったかという、具体的な経路は皆目わからない（地元の自治体史である『鎌ヶ谷市史』の編纂関係者も、宝城事業の背景についてはつかんでいないとのことである）。

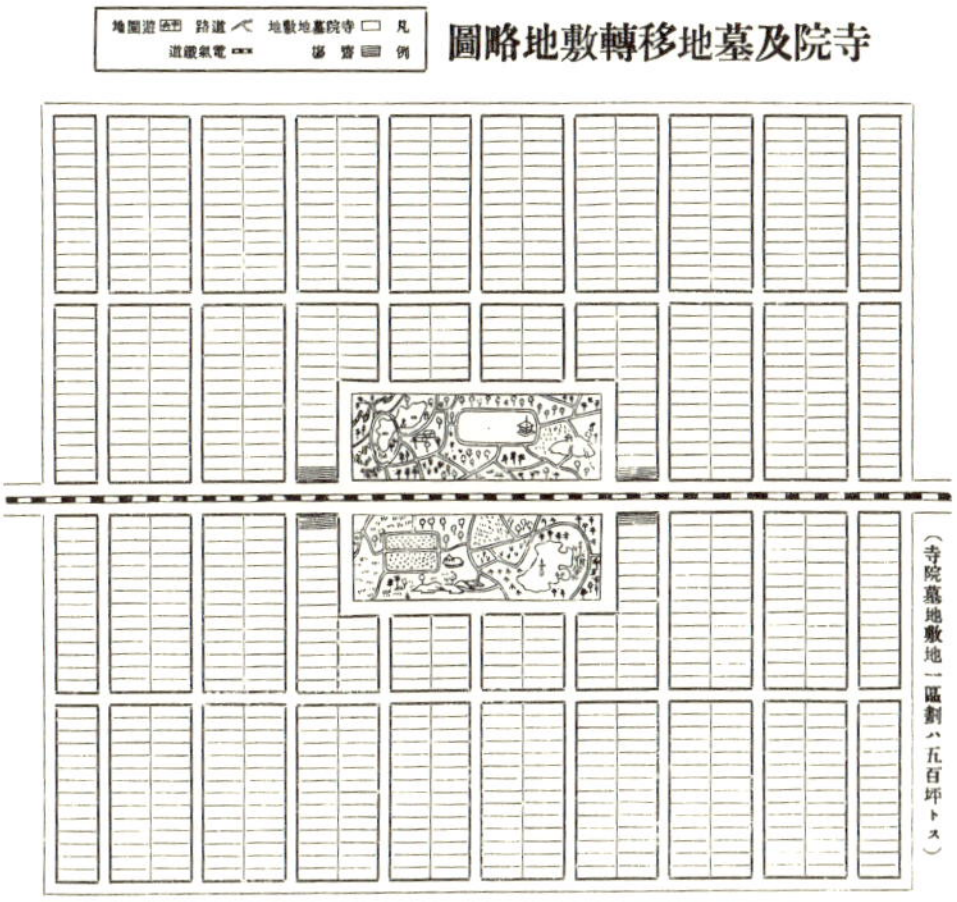

『京成電気軌道株式会社第一期工事予算書』より、「寺院及墓地移転敷地略図」　後藤・安田記念東京都市研究所市政図書館蔵

「宝城」という名称は、従来この事業を手がけていた「宝城軌道株式会社」を買収したことからつけられている。ところが、宝城軌道が構想された具体的な経緯がよくわからない。「宝城」という、何となく仏教じみた名称の由来も不明である。

　同社の発起人総代には、京成電気軌道専務取締役本多貞次郎のほか、本多泰教、赤星霊道が名を連ねている。[20]赤星は市川市在住の曹洞宗の僧侶であり、本多泰教も名前からすると、僧侶であった可能性が高い。ここから、京成が寺院関係者と深い関わりの中で構想した事業だったことが想像される。また、宝城軌道は『各国都市に於ける墓地』と題するパンフレットを作成している。[21] これは東京市役所が市会議員坪谷善四郎の欧米視察談をまとめた『各国都市事業一斑』の抜粋である。この中で坪谷は、道路や電気鉄道、公園と並んで墓地について、欧米各国の状況を紹介している。[22] 宝城事業は、当時の東京における寺院と墓地をめぐる状況と、欧米における郊外での公園墓地の整備という状況を複合して受け止めようとするものだったようだ。

強気の事業計画

京成電気軌道が宝城軌道から事業を譲り受けたのは、一九一一(明治四四)年三月一日のことであった。[23] その直後三月一七日には、京成は臨時株主総会を開き、会社の事業として「墓地ノ建設並ニ寺院墓地移転工事ノ請負」を定款に加えている。[24] この時期は、ちょうど東京市会で郊外墓地の新設と寺院境内墓地の移転が議題にのぼる直前にあたる。京成は、こうした都市と墓地、寺院をめぐる状況を捉え、事業化を図ったのである。

宝城事業の具体的な計画についてもう少し詳しく見ていこう。

事業の総予算は一〇〇万円。このうち宝城線の電気鉄道の建設費が四三万円、土地の買収費が一六万円となっていた。敷地の中央に設置する遊園地には一万円を見込んでいる。[25] 京成の第一期線の敷設工事の総予算が一二五万円だったことを考えると、当時の京成にとってはきわめて規模の大きなプロジェクトだった。

収入については、遊園地の周辺に配置する寺院の用地を一坪二円、一区画五〇〇坪で売却することを見込んでいた。[26] 年間一万回運転する葬式電車による貨車収入は一万三〇〇〇円。このほか、会葬者が年間約一〇〇万人電車を利用するものとして、その旅客収入は約八万三〇〇〇円と見込まれている。[27] こうして得られる宝城事業全体による利益見込みは、年間約一一万二八〇〇円とされていた。[28] この当時、京成電軌本体の運輸による利益見込みは一六万六五〇〇円だったので、ずいぶん強気な見通しを立てていたことがわかる。

初期の京成にとって、墓地開発事業は「会社設立の主要条件」であり、「唯一の希望」と称されるような存在であった。少なくとも「東京市民を吸引する」ことのできる主要な事業と見られていたのである。[29]

京成に限らず、この時期に郊外に路線を展開しつつあった電鉄は、住宅地を開発して通勤通学客を主体にするまでには至っておらず、いまだ社寺参詣をはじめとする遊覧輸送に多くを拠っていた。京成は、こうした従来からの名所旧跡に頼るばかりでなく、東京市内における墓地問題の深刻化を逆手にとって、郊外に電鉄の主導で大規模な墓地を開発し、同時に参詣地、行楽地としての性格も加えようとしたのである。墓地・寺院・遊園という組み合わせで、郊外への乗客を確保しようとしたのであった。宝城事業は、実際に予定地付近の土地買収交渉も進められていた。[30] その面積は一〇〇万坪にのぼったとも伝えられている。[31]

このように宝城事業は、初期の京成にとって事業の大きな柱のひとつであった。第一期線に目途がついた後に、本格的に事業に取り組むことを考えていたようだ。[32] 墓地を開発したり葬式電車を運転したりといったことは、十分に現実味のある構想だったのだ。しかし詳細は不明だが、結局この構想は日の目を見ることはなかった。

海外での先行事例

さて、宝城事業の柱のひとつとなった、市街地から郊外の墓地まで電車を走らせる「葬式電車」というアイデアは、やはり現在の目から見ると奇抜であり、電鉄会社の事業としては際物《きわもの》であるように見える。

だが、当時の欧米諸国では先行事例があったようだ。試しにネットで“funeral tram”といったキーワードで検索するだけでも、シカゴやプラハ、ローマやミラノなどで、こうした葬式電車が走っていたということがわかる。欧米の実例は、当時の日本においても業界誌などで紹介されていたようだ。[33]

プラハの葬式電車　1917年に運行が始められた。
Archivu Dopravního podniku hl. m. Prahy.

欧米の大都市でも、一九世紀から二〇世紀の初めにかけて、郊外に大規模な墓地を建設することが相次いでいたのだ。それにともない、市内から遺体と会葬者を輸送する仕掛けが必要になっていたこともたしかである。だが、これら欧米の事例は、多くは行政機関や民間の非営利団体を事業主体とするものだった。[34]

それに対して、宝城事業は、墓地だけでなく寺院もセットにしたうえで、京成という電鉄会社が営利事業として構想したところに大きな特徴があった。郊外そのものを私鉄がつくり出したという、日本の大都市の大きな特徴がここにもあらわれている。

京王電気軌道の墓地構想と幻の葬式電車

このような構想は、日本では京成だけのものというわけでもなかった。

東京府千歳村粕谷に住んでいた作家徳富蘆花は、京王電気軌道が同じような構想を進めはじめていたことを、一九一二(大正元)年秋に記している。

余の書窓から西に眺むる甲斐の山脈を破《は》して緑色濃き近村の松の梢に、何時の程からか紅白染分《そめわけ》の旗が翻った。機動演習の目標かと思うたら、其れは京王電鉄が沿線繁栄策の一として、ゆく〳〵東京市の寺院墓地を移す為めに買収しはじめた敷地二十万坪を劃《しき》る目標の一つであった。[35]

京成と同じく東京市内の寺院墓地の移転問題を背景として、京王電軌も自らの主導で沿線における墓地開発を構想したのである。だが、このプロジェクトについては、徳富蘆花が書き残したことのほか、詳しいことはほとんどわかっていない。京王がどの程度まで具体性をもって計画を立てていたのかも不明である。墓地事業の開発予定地が京成から京王沿線に移ったという話もあるが[36]、二つのプロジェクトに連続性があったのか、それともまったく別の構想だったのかも不明だ。京成の宝城事業が九〇万坪とされていたのに対し、京王のそれは二〇万坪となっているので、京王の構想は随分とこぢんまりとしている。

事業の具体的内容が不明だということからもわかるとおり、結局この京王のプロジェクトも実現には至らなかった。葬式電車の運行は幻に終わったのである。

3　本当に走った葬式電車——尾張電気軌道と江口理三郎

東京では幻に終わったが、名古屋では実際に葬式電車が運行された。それはどのようなものであったか、見ていこう。

名古屋郊外の電鉄・尾張電気軌道

名古屋市の東部に、八事《やごと》と呼ばれるエリアがある。現在では名古屋大学や南山大学のキャンパスが点在し、名古屋市内有数の高級住宅地として知られているが、一九五五（昭和三〇）年に名古屋市に編入されるまでは、愛知郡に属する郊外の地域であった。八事一帯は八事山と呼ばれる丘陵となっており、「尾張高野」の別称を持つ興正寺《こうしょうじ》などの寺院もある郊外の参詣行楽地としても知られていた。

一九〇七（明治四〇）年、名古屋の実業家江口理三郎が中心となり、中央本線の駅がある千種《ちくさ》から、八事に至る愛知馬車鉄道が開通した。当初は単線の馬車鉄道だったが、一九一二（明治四五）年には電化して尾張電気軌道と改称した[37]。馬車鉄道とは、レールの上を走る車両を馬が牽引する鉄道のことだ。日本では、一八八二（明治一五）年に開業した東京馬車鉄道を最初とするが、その後も明治から大正時代にかけては、日本各地で普及していた。現在では八事は名古屋市街地に取り込まれているうえ、この路線はのちに名古屋市電の一部となることから[38]、名古屋を知る人にとっては、市街電車というイメージがわくかもしれない。だが、開通当時の実態は、名古屋の郊外を走る電鉄だった。

江口理三郎は、安政四（一八五七）年に丹羽郡力長村の農家に生まれ、一八八八（明治二一）年、三二歳で名古屋に出て商売をはじめている。行商を振り出しに、さまざまな事業を手がけたが、とくに和服用襦袢に縫いつける替え襟である半襟の販売に目をつけ事業を拡大し、ひと財産を築いたという人物である[39]。たしかに立志伝中の人物だが、これまで本書で取り上げてきたような怪物的なエピソードをもつ面々と比べると、比較的影が薄い事業家かもしれない。

「京都に於ける東山が名古屋にも早晩必らず必要」

笹原辰太郎

先にも触れたように、八事は参詣と行楽を楽しむ場所としていちおう知られてはいたようだ。ここを開発のターゲットとしたのが、八事が当時属していた愛知郡の郡長、笹原辰太郎である。文久元（一八六一）年に会津藩士の子として生まれた笹原は、山梨県や静岡県で警察官を務めたのち、一九〇四（明治三七）年に愛知県南設楽郡郡長に就任、さらに一九〇八（明治四一）年に愛知郡郡長に転じていた[40]。

笹原は「名古屋の大発展への動き」を見て、今後「京都に於ける東山が名古屋にも早晩必らず必要」となることを痛感し、八事を名古屋郊外の一大行楽地として開発していくことを思いついたという。そこで笹原が音頭をとって、地主などから寄付を募り、八事保勝会を組織して、道路の開設、樹木の整備などに力を注いでいたところであった[41]。

江口による鉄道敷設計画は、当初は笹原の開発の動きと関係なく進んでいたようだが、しばらくして笹原は江口の事業を支持するようになる。ふたりで当時開業したばかりの箕面有馬電気軌道を視察したという。

一九一二（明治四五）年に電車が走りはじめた尾張電気軌道は、五万坪の土地を買収するとともに八事遊園地を開設するなど、終点である八事での開発を積極的に進めた[42]。八事遊園地には、競馬場、ボート場、猿園などが整備され[43]、数多くの人々が行楽に訪れるようになった[44]。

失われた記録

東京と同じように、名古屋でも古くから市内に寺院墓地が点在していたが、都市開発や衛生上の問題から、その整理と郊外に共葬墓地の新設の必要性が唱えられていた。そして、一九〇〇（明治三三）年六月一一日、名古屋市会は郊外に三ヵ所の共葬墓地を新設することを可決した[45]。

だが、墓地を新設するという方針こそ決まったものの、どこに設置するかといった具体的な事業計画はなかなか決まらなかった。ようやく一九一二（明治四五年）年七月に、名古屋市は八事で三万九二〇〇坪の用地を買収し、一〇月から工事がはじまっている[46]。

新設墓地が八事になった経緯については、笹原の活動が影響したのかを含めて、現在のところよくわからない。ただ、笹原は一九二三（大正一二）年に愛知郡の郡長を辞しているが、その後も東郊耕地整理組合や八事耕地整理組合といった、この地域の土地開発の事業者に深く関わっていることがわかる。名古屋市市会議員も務め[47]、一九二九（昭和四）年に死去するまで、名古屋の都市開発に大きな影響力を発揮していた[48]。

そして、江口の経営する尾張電気軌道が、共葬墓地への支線の建設と「葬儀電車」の運転を約束し[49]、一九一二（大正元）年八月三〇日には、終点の八事から共葬墓地までの支線敷設を鉄道院に出願している[50]。

現在の八事霊園

葬式電車というアイデアが電鉄側から出たのか、それとも名古屋市の意向なのかは、現時点では明らかではない。ただ、愛知県庁も「葬送ニ至大ノ便益ヲ与フル」とともに「成功ノ見込確実」として、この構想を後押ししていたことはたしかだ[51]。その際の申請書によれば、葬式電車を一日五回、会葬者や参詣者用の電車を一日二〇回程度運転し、年間一七九二円の収入を見込んでいた[52]。翌年六月には、敷設が特許され

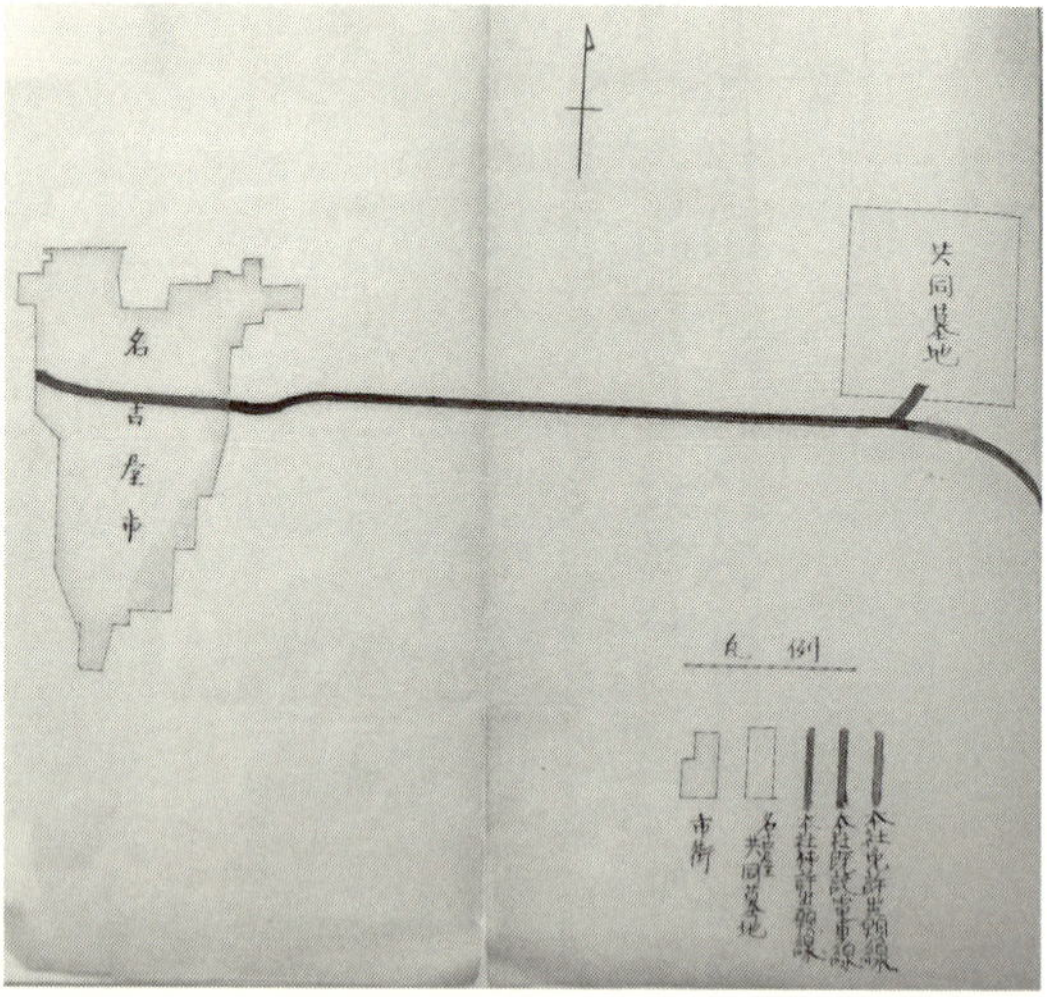

尾張電気軌道の葬式電車計画　鉄道省文書

ている。[53]

こうして、日本初の葬式電車が走りはじめるようになった。

だが、この葬式電車に関する資料はほとんど残っていない。縁起が悪いということもあったのか、写真も現在のところ発見されていない。名古屋の葬儀社一柳葬具店の社史では、当時の関係者の記憶をもとに復元図を作成している。それによると側面に広い扉のある専用の電車を使用していたようだ。[54]

しかしながら、この葬式電車が電鉄の経営に大きく貢献していたわけではないようである。尾張電気軌道はその後新三河鉄道に合併されるが、両社の時代を通じて、墓地への輸送による収入は微々たるものだったようだ。[55] また、葬式電車への期待が外れたことばかりが理由ではないだろうが、尾張電気軌道の経営全般が振るわない状況が続いたようだ。社長である江口に対しては「アレだけ毎期欠損を続けながらも辛抱して来たところは偉い」[56] といった、あまり名誉とはいえない称賛のことばが贈られる始末であった。

葬式電車の大正時代における正確な利用状況はわからないが、昭和に入ると葬式電車が運行されるのは、数日に一回程度で参詣者用の電車も一日数名の利用者しかいないありさまであった。[57] こうして、日本初で、恐らくは最後でもある葬式電車は、一九三〇（昭和五）年に営業を廃止した。[58] 現在のところ、葬式電車を実際に走らせていたことが確認できるのは、この尾張電気軌道だけである。

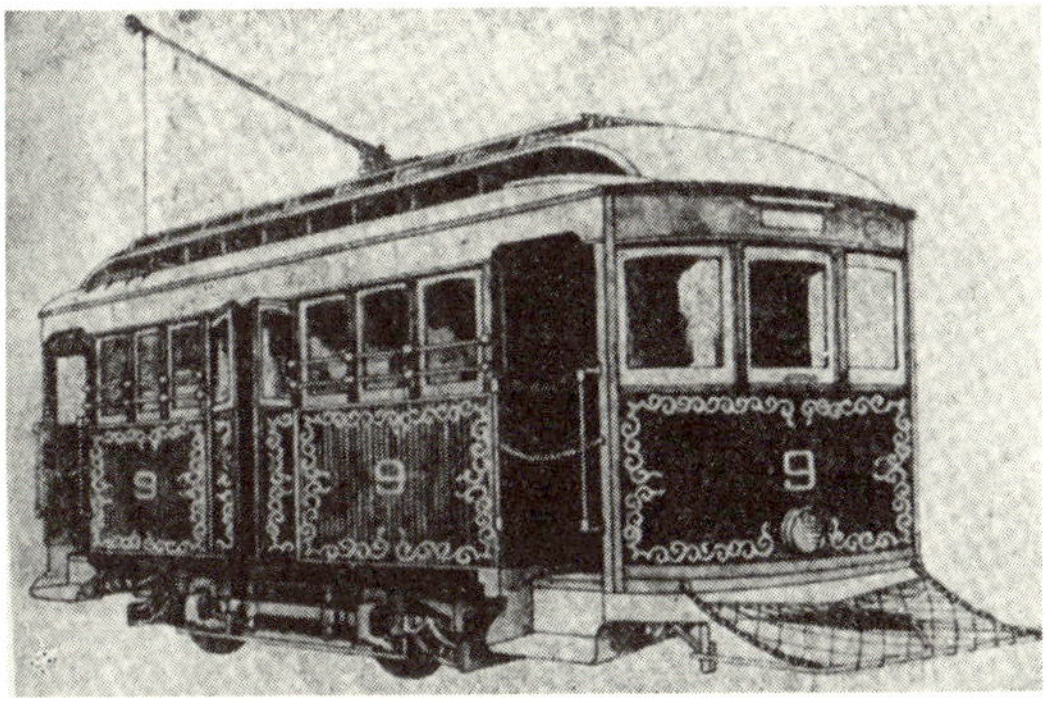

葬式電車の復元図　『一柳葬具総本店創業百年史』より

歩いて市内から行くことがむずかしい郊外に新設された墓地に葬式電車を走らせる構想は、一見すると時代に即していたように見える。にもかかわらず、日本で葬式電車が活躍することはほとんどなかった。

それはなぜか。先にも触れたが、大正時代は、大都市の市街地が拡大し、葬列で歩く距離が延びきった時代であった。それに対応して、都市施設の配置は、鉄道などの都市交通を前提に配置が考えられるようになった。[59] だが、ちょうどこの時期は自動車が本格的に登場してくる時代でもあった。市内から郊外への火葬場や墓地への遺体の輸送は、自動車、つまり霊柩車が担うようになっていったのである。欧米で葬式電車が活躍できたのは、郊外での公共墓地の建設が本格化したのが一九世紀であり、日本より少し早く、自動車の登場よりも先んじていたことが大きな理由であろう。

4　田園都市と葬式電車――北大阪電鉄と青木庄蔵

北大阪電気鉄道の画期性

寺院や墓地から住宅地開発へ、電鉄の存立目的が大きく変化していった例が大阪にある。大正時代に、大阪天神橋筋六丁目から千里山への路線を開業した北大阪電気鉄道である。

北大阪電鉄は、一九一五（大正四）年九月九日、天神橋筋六丁目から吹田を経由して千里に至る五マイル（約八キロメートル）の路線敷設を出願している。起点となる天神橋筋六丁目は、当時の大阪市街地の北東端、大阪市電と接続する地点でもあった。

途中の吹田は宿場でも城下町でもなく、江戸時代までは大して繁栄した町ではなかった。だが、明治時代に入ると東海道線が開通し吹田駅が設置され、大きく状況が変わる。ビール工場が置かれるなど、大阪近郊の都市として発展していく。

一方、終点となる千里は、大阪市の北側の郊外に位置する丘陵地帯である。大阪市の中心部から約一五キロメートルと近距離にありながら、長らく開発の進んでいない地域であった[60]。現在では千里ニュータウンなど、大阪のベッドタウンとなっており、高度経済成長期には、日本万国博覧会の会場となったことでも知られている。見方を変えれば、千里山はニュータウンや万博を迎え入れるような開発の余地が大きい場所であったわけで、それまで電鉄関係者の食指が動くようなめぼしいスポットがない地域だったことを意味する。開設当初の「何もなさ」は、関西の電鉄が生まれた場所としては群を抜いている。そうした意味で北大阪電鉄は特異な存在であった。

北大阪電気鉄道は現在阪急電鉄の千里線となっている。千里線といえば、距離が短く普通電車しか走らず、利用者は沿線住民や関西大学の学生が中心で、有り体に言えば地味な路線だ。だが、関西の電鉄の歴史を見ていくうえで、北大阪電鉄の登場は大きな意味をもっている。

従来の電鉄は、大きく分けると三つの種類があった。ひとつめは、南海電鉄のように蒸気鉄道からの転換組である。二つめは、阪神電鉄のような都市間連絡、そして三つめが箕面有馬電軌のような遊覧電鉄である。京阪のような二つめと三つめの性格をあわせもった電鉄もあるが、初期の電鉄はこのいずれかの来歴をもっていた。ところが、北大阪電鉄はこのいずれの性格にも当てはまらない。終点の千里は古くからの都市でもなく、有名な社寺があるわけでもない、丘陵が広がるばかりの地域であった。「高燥ニシテ鬱蒼タル古松亭々天ヲ衝キ眺望絶佳」[61]とも当時に評された場所である。

千里山と墓地火葬場

そのような、「何もない」場所を終点として、北大阪電鉄はどのようにして事業を成立させようとしたのだろうか。実は、当初経営の大きな柱として前面に押し出されたのが、葬儀場と墓地の開発であった。

同社の敷設申請書は、おおよそ次のように述べている。大阪市の人口が増えるのに比例して死亡者も増えてきた。だが、大阪市の墓地と火葬所は、全部合わせても面積三万七〇〇〇坪に過ぎない。とくに西部の小林、市岡、春日出、東部の中道、北部の長柄、浦江は「規模狭小設備不完全」で話にならない。南部の阿倍野だけは規模が大きいが、それも限界となり、「葬儀ノ渋滞」を来たすありさまだ——。

さて、これらの墓地と火葬所は、かつては市街の周辺に位置していた。だが、その後の都市化で周囲に住宅や工場が建ち並ぶようになり、環境問題が起こっていた。そのため、大阪市の墓地と火葬所を郊外に移転することは急務となっていたのだ。

そこで大阪市は東部と西部に大規模な墓地火葬所を新設し、市内に葬祭場を設けて、そこから新設墓地まで「葬式電車」を運転することを構想し、北郊の千里丘陵には大規模な墓地葬儀所と遊園地を設置することを計画している。北大阪電鉄はそのようなことを聞きつけ、次のように思い定めたという。


当社カ本線ノ終点ヲ千里村ニ定メタル所以ノモノ其意実ニ此ニ在テ存スルナリ[62]

つまり、北大阪電鉄が千里村に終点を置いたのは、この大阪市の遊園地兼墓地葬儀所に対応したものだったのである。北大阪電鉄は、千里山に数十万坪の土地を確保し、墓地と新式火葬場、さらには遊園地を設置し、市内から直通する「葬式電車」の運行をめざしたのだった。

北大阪電鉄の性格については、当時の新聞記事でも「天神橋六丁目を起点とし吹田に至る葬儀電車[63]」と認識されており、同時代的に広く共有されていた。つまり「葬式電車」というのが北大阪電鉄の当初の性格であったのである。

近代大阪の墓地問題と青木庄蔵の建議

大阪の墓地の状況は、これまで見た東京や名古屋とは多少異なっている。

豊臣家滅亡後に大坂城主となった松平忠明は、大坂の町を新たに整備した。その際、市街地の周辺部に共葬墓地を設置する。いわゆる「大坂七墓」である。明治時代に入ると、七墓は再び整理され、南（阿倍野）、北（長柄）、西（岩崎）の三ヵ所にまとめられた[64]。東京と違い、基本的には市内に寺院境内墓地はあまり存在していなかったのである。市街地周辺に置かれた共葬墓地が使用されていた。

それが、明治三〇年代後半に大阪市の都市化は大きく進展しはじめると、共葬墓地が置かれていた阿倍野（天王寺付近）や長柄（天満付近）の周辺にも市街地化の波が押し寄せる。ここで、大阪でも都市化の進行と墓地の関係が問題となりはじめた。

青木庄蔵　『日本禁酒事業に於ける青木庄蔵翁』より

こうした状況を受けた大阪市会は、一九一〇（明治四三）年一二月、火葬場と葬儀所を分離するとともに、市内の各区に葬儀所を設置するという建議を可決している[65]。この建議を提案した議員は、青木庄蔵という人物だった。

これまで本書に登場した人物は寺院か神社関係者が多かったが、青木はキリスト者であった。青木はもともと奈良県吉野で酒造業などを営んでいたが、事業に失敗した後、大阪に出てきて洗礼を受けたという経歴のもち主である。その後飴製造業で財を成しつつ、禁酒運動に生涯をささげた。左党から甘党へと転身したうえ、酒呑みを敵視するようになったというわけだ。

さて、青木は、当時の大阪には葬儀所が不足していることを問題視した。先に挙げた長柄と阿倍野の二ヵ所の共葬墓地に付属した葬儀所しかなかったのである。人口が増加するにつれて死者も増えてきて、葬儀所の不足が目立つようになってきた。このままでは、増え続ける死者の葬儀に対応できないと青木は主張したのである。しかも、その数少ない葬儀所も有力者や有産者が優先して使うので、多くの一般市民は葬儀すらなかなか行うことができないという状況を指摘している。[66]さらに、長柄や阿倍野の共葬墓地の周辺は、市街地化が進んできたこともあって、環境が悪化してきた。

青木の建議は、大阪市の各区（当時は東西南北の四区）に各宗教に対応できる葬儀所を増設し、ここでは葬儀だけを行い、火葬や埋葬は新たに郊外に新設する大規模な墓地で行うようにするというものであった。この青木の主張は多くの賛同を受け、すでに述べたとおり、市会は建議を可決した。[67]これを受ける大阪市は、さっそく市の北西部に新たに福島葬儀所を設置している。[68]

市会で決議したのは、葬儀所を増設するということだけだったが、青木自身はさらに進んで次のような構想を抱いていた。

各葬儀所に電車を連結させて、葬儀を了つたならば、早速その遺骸を専用車によつて近親遺族のみで之を直ちに三四里距つた郊外の火葬場に送ることにしたならば、どんなにか合理的であらう

か[69]

火葬や埋葬を郊外で行うとすると、そこまでの交通手段が必要となる。そこで、郊外の火葬場まで「葬式電車」を運転させようというプランが登場してきた。このあたりの経緯は、先述した東京の例と同様である。だが、大阪の計画は、東京のような寺院との関わりはあまりなく、基本的に墓地だけの問題であった。

北大阪電鉄による構想は、こうした大阪市会の動きに触発されたものであることはたしかである。

墓地移転をめぐる政官財の虚実

市会での決議は、葬儀所や墓地を設置する場所を指定するまでの内容ではなかった。だが、青木がそこを具体化しようとしても、「余り縁起のよい話」ではないうえに、「若くて元気に満ちてゐた市会議員諸君に顧みられない」ため、一般市民の反応は「冷淡」だったという。[70] このような青木の受けた感触は、当時の大阪市と市民の墓地問題に対する認識の一端を表しているだろう。

建議可決から五年ほど経った一九一五（大正四）年になって、前述したとおり、北大阪電鉄から千里への鉄道敷設免許申請書が提出される。だが、その申請を受け取った大阪府庁は、書類を鉄道院に送る際、墓地の移設に関する大阪市の意向が明らかでない段階では、北大阪電鉄の事業の成功はおぼつかないという意見をつけている。[71]

このような状況を知ってのことか定かではないが、北大阪電鉄は申請書の提出から一ヵ月後の一〇月に、墓地開発を削除した事業計画を再提出している。千里山土地会社という別会社を設立し、墓地開発はそちらにまかせるという計画に変更したのだ。[72]ただ、あくまでも墓地開発を事業全体の中心に据えており、基本的な構想自体はあまり変わっていない。

翌月一一月四日には、発起人のうち安藤重信と下村又五郎が、鉄道院監督局長大園宋三郎を直接訪れ陳情、千里方面に墓地・火葬場の移転計画があると話をしている。[73]こうした状況を見た鉄道院は、現地に係官を派遣して実地に調査することにした。選ばれたのは、土木技師の橋口行彦と、あの五島慶太の二人である。

五島らは大阪府および大阪市に聞き込みに回ったようだ。それによると、たしかに大阪の火葬場は狭隘化しているということが確認された。だが、具体的にどこに移転するかはまだ決まっていないという状況もわかった。

なぜなかなか場所が決まらなかったのか。それにはこんな事情があったことを五島たちは知る。つまり、市会で葬儀所新設の件がもち上がると、「市会議員ノ各派ハ何レモ自己の利益多キ地方」への誘致合戦をはじめ、同時に誘致先沿線に広大な土地を買い入れて、市に購入をもちかけるなど、暗躍しはじめたのだ。青木庄蔵は市会議員の無関心さを嘆いていたが、実際には、議員たちはこの問題に「無関心」だったわけでもないようだ。また、大阪市当局の動きが鈍いように見えるのは、具体的に動きだすと市政が混乱してしまうため、しばらく事態を静観して鎮静化を図る意向だったようだ。[74]

五島たちの実地調査のおかげで、大阪の火葬場と墓地をめぐる状況自体は、北大阪電鉄の言い分を裏づける形となった。だが同時に明らかになったのは、どこに移転するかはまったく未定だということだった。さも千里山に決まったようにいう北大阪電鉄の主張には、根拠がなかったのだ。

一九一六（大正五）年に入り、五島は再び大阪に赴いて調査している。大阪府庁で聞き込みをしたところ、北大阪電鉄側は、墓地新設許可申請の際に必要な近隣の地主の同意書をつけないまま書類を提出し、催促を受けても反応しないなど、かなり杜撰《ずさん》な対応をしていることがわかってきた。次に訪れた大阪市役所では、新たに助役に就任した関一が、郊外に墓地を移すと運搬料などコストがかかるなどとして、墓地問題に対し冷淡な態度を示した。[75] 五島はこの結果を鉄道院本庁に報告しているが、個人の見解はどうあれ、[76] 客観的に見ると五島は墓地と結びついた電鉄を否定する役割を果たしたことになるだろう。

こうした状況を見て、鉄道院は東海道線への影響と大阪市自体の墓地計画が具体化していないことなどを理由として、申請を却下する方針をいったん固めた。[77]

ところがその矢先の八月、鉄道院総裁添田寿一のもとに、内閣書記官長江木翼から一通の手紙が届いた。そこには「総理大臣ノ御示」として、北大阪電鉄の特許を促す文面が認められていた。時の総理大臣は大隈重信である。結局はこれを受ける形で、一九一六（大正五）年九月に免許が与えられることになった。[78]

大隈がこうした意向を示した経緯はまったくわからない。だが、北大阪電鉄は、かなり無理を押し通して成立にこぎつけたように見受けられる。

都市軸の大転換と葬式電車の挫折

敷設免許が下りると、北大阪電鉄は土地の買収を終えるとともに、会社の定款に墓地を追加して、いったん別会社が担うことにしていた墓地事業を再び本体が取り組むことにした。だが、その後も施工の延期を繰り返すなど、北大阪電鉄の迷走は続いた。[79]

実は、このころは大阪の都市計画のあり方が大きく変わる時期に当たっていた。明治末期から懸案となっていた大阪に本格的な都市計画を立てるという構想が、ようやくこのころ具体的な形を見せるようになっていたのである。

一九一七（大正六）年四月、大阪市は新たな都市計画を検討するため、都市改良計画調査会を設置する。翌年四月には市区改正部を設置し、市役所に都市計画を担当する部局を立ち上げた。

当時はまだ都市計画法が成立していなかったが、政府はとりあえず東京だけを対象として施行した東京市区改正条例を大阪市にも準用することで、大阪市に都市計画を施行する制度的な裏づけをはかった。

一九一九（大正八）年には、大阪におけるはじめての総合的な都市計画である「大阪市区改正設計」が決定された。「総合的な」といっても、計画の大半は道路網が占めていた。だが同時に、商業地や工業地、住宅地といった都市の基本的な機能をどのように配置していくのかも考慮したうえで計画が決められていたこともたしかだ。そして、この大阪市区改正設計は、大阪の都市構造を見ていくうえで画期的な意義をもっている。

豊臣秀吉が大坂城を建設し、江戸時代には「天下の台所」となったように、大阪という町が発展したのは、瀬戸内海という海運と、淀川という河川舟運の結節点にあったことが大きい。つまり、海運という面では、瀬戸内海を通じて西日本や、さらには北前航路を通じて日本全国とつながっており、河川交通は、市中を流れる淀川がダイレクトに京都に直結しているのだ。江戸時代に全国各地から米が集まり、堂島の米会所で取引されていたのには、こうした地理的な背景が存在していたのである。

こうした大坂の都市構造は、当時の地図を見ると明らかだ。江戸時代に大坂を描いた地図の多くは、大坂城を上にして東西方向、つまり水路を軸に描かれていた。つまり、かつての大坂の基本的都市軸は東西方向にあったのである。だから南北方向を流れていた水路が「西横堀川」「東横堀川」などと呼ばれてきたのだ。

こうした構造は、明治時代になったからといっても基本的には変わらなかった。明治初期に置かれた大阪府庁は、河川交通と大阪湾への水路の結節点であった江之子島に置かれていた。三つの河川に囲まれた江之子島の周辺には、外国人居留地が置かれるなど、相変わらず川と海との関係が非常に重視されていたのである。

明治時代の大阪における最大の課題は、大阪湾に面して近代的な港湾を建設するという築港問題であったし、一九〇三（明治三六）年に開業した大阪市電の最初の路線は大阪築港へと向かう東西方向の路線だった。つまり、明治時代になっても大阪の基本的な都市軸は水運との関係を重視した東西方向にあり、人とモノは横軸で動いていたのである。

ところが、その後大阪の都市化が進み、都心部に人が集中するようになってくると、増え続ける人々をどこに住まわせるのかということが大きな課題となった。そこで俄然注目されるようになったのが、南北に広がる郊外の空間だったのである。

一九一四（大正三）年に大阪市助役に就任した関一をはじめとする当時の大阪市当局者は、大阪の市街地の北と南の郊外に大規模な住宅地を開発し、道路や高速鉄道で都心部を結ぶことを都市計画の基本に据えた。こうした発想の延長線上に御堂筋の開削や地下鉄御堂筋線の敷設が進んでいくことになる。

関たちがどの程度まで意図していたのかはよくわからないが、結果として、大正時代に構想された大阪の都市計画は、それまでの東西方向から南北方向に、大阪の基本的な都市軸を九〇度転換させた。そして、その都市計画においては、大阪市から見て北の郊外に位置する千里山こそが、大規模な住宅地として開発していく地域として想定されていたのである。[80]

五島慶太の訪問を受けた関一が、ことさらに千里山での墓地計画に冷淡な反応を示したのは、当時進めつつあった大阪の都市計画構想と異なる方向性をもっていたことが影響していたのかもしれない。大阪市としては、千里山を墓地ではなく住宅地として開発していこうという意向だったのである。

先にも触れたように、免許を受けた後も北大阪電鉄は、施工の延期と路線の変更を繰り返した。その過程で自力で大阪市内に到達することはあきらめたようだ。最終的には、起点を十三に変更し、阪急電鉄を介することで大阪市内へのアクセスを確保しようとした。こうして同社は一九二〇（大正九）年、ようやく着工にこぎつけ、翌年に十三と千里山の間で運転を開始したのである。

開業までに時間がかかったことで、北大阪電鉄は状況の変化にむしろ乗っていきやすくなっていた。大阪市が千里山を大規模な住宅地域として想定していることを受けて、北大阪電鉄は千里山を墓地ではなく、住宅地として開発することに変更を決心したのである。

開業後に同社が作成したパンフレットでは、千里山に「田園都市」の建設、「理想的の住宅経営」が高らかに謳われ、[81]墓地や火葬場はすっかり影を潜めている。

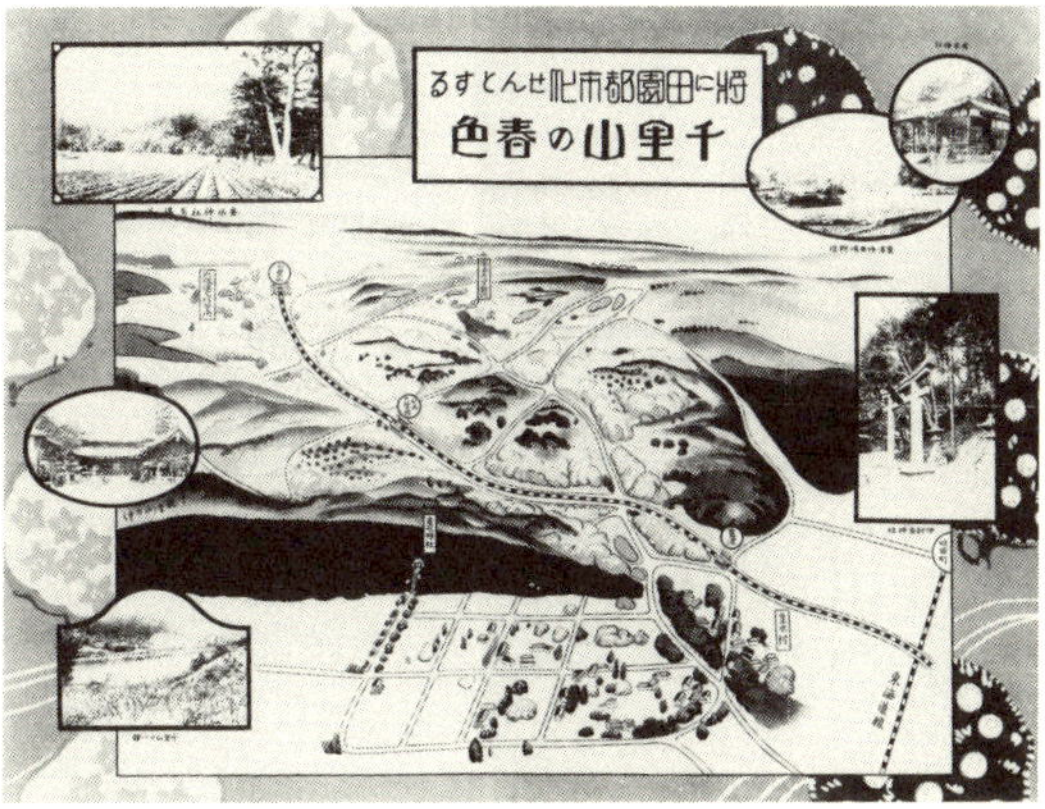

千里山の開発地図　『大阪の北郊と北大阪電鉄』より

「葬式電車」北大阪電鉄は、長い時間をかけて開通したときには、郊外住宅地への通勤通学電鉄にその性格が変化していた。その後、この沿線には大阪住宅経営会社が千里山住宅地を開発するとともに、大阪市内から関西大学が移転してくるなど、田園郊外としての位置づけが明確になっていく。[82]

千里山は都市軸が東西から南北に転換することで、はじめて光が当たるようになった地域だといえる。対極の大阪南郊は住吉大社や我孫子観音など社寺参詣が近代以前から盛んで、古くから開発が進んでいたが、その後は住宅地のほかは市立大学が置かれるぐらいであった。それに対して台地である北郊の千里山は、千里ニュータウンが開発され、日本万国博覧会が開催されるなど、二〇世紀を通じて大阪の郊外開発の最大の拠点となっていったのである。

そして現在、近代大阪の都市軸は、二〇世紀型大都市が転換期を迎え、再び変動をはじめている。たとえば、片町線と福知山線をつなぐＪＲ東西線、近鉄と阪神を結ぶ阪神なんば線、淀屋橋から川沿いに進む京阪中之島線など、このころから大阪の東西を結ぶ鉄道路線の建設が盛んになっている。また、一時は大阪府庁の全面移転も検討された咲洲《さきしま》など、大阪港方面の開発も進んだ。二〇世紀を通じて主流を占めてきた大阪の南北の都市軸が、再び東西方向に振れてきているのかもしれない。その意味でも、二〇世紀型大都市からの転換を象徴しているといえるだろう。

終章　日本近代大都市と電鉄のゆくえ

試行錯誤がつくった歴史

本書では、社寺参詣から「私鉄郊外」が形成されていく過程を、それに関わった人物を視点の中心におきながら追ってきた。

私鉄を中心にしてつくり出されていった近代日本の郊外空間は、衛生的かつ健康的で均質性が強い性質をもっていた。だが、私鉄郊外にはそれぞれ個性があり、異なった路線イメージがあることもたしかだ。均質的でありながら、同時に個性もある空間をつくり出してきたのである。日本の電鉄は沿線地域のイメージも運ぶという役割も果たしてきたのだ。[1]

現代から見ると、日本の電鉄においては、小林一三に代表されるような俸給生活者とその家族を対象とした住宅地や遊園地の開発こそが、最初から正統的な地位を確立していたように見える。郊外は、歴史的な記憶から切り離された空間とみなされてきたので[2]、その土地がもつ固有な来歴についてあまり関心が向けられることがなかったことも、こうした傾向に拍車をかけてきた。

だが、本書で明らかにしてきたように、こうした見方は当時の実態を必ずしも正確に反映しているわけではない。衛生的で健全な、サラリーマンとその家族を対象とした「田園郊外」という方向性が、最初から前提とされていたわけではない。多くの電鉄による試行錯誤の結果として、最終的にその方向に収斂していったということだ。

実態としては、最初から住宅地建設を主目的として建設された電鉄は思いのほか多くなく、少なくとも初期の電鉄には存在しなかった。その登場は大正時代半ば以降のことであった。

時流に乗れた社寺、乗れなかった社寺

本書で見てきたように、初期の電鉄は社寺参詣と深く結びついていた。

成田山新勝寺では、歴代の住職が率先してさまざまな参詣者誘致策を行い、公園の開発や鉄道の誘致に努めた。こうした参詣地としての成田の発展が京成電気軌道の創業に結びついていったのである。川崎大師でもやはり公園の開発のほか、参詣道の開削など、住職の主導による積極的な参詣者誘致策が展開された。大師電気鉄道もこうした需要を前提に敷設されたのである。この二つの寺院はいずれも真言宗智山派に属していたが、それ以上に江戸時代より都市からの参詣者の新規開拓に熱心な寺院だったという共通点があった。そうした伝統のうえに公園の開発や鉄道の誘致など、明治になって新たに登場したツールを駆使しながら発展していったのである。東京の郊外には多くの社寺があったが、こうした「集客」のノウハウの豊富なところに、初期の電鉄は吸い寄せられていったのである。

一方、前近代には来歴をもたないまったくの新興勢力も出現することになる。川崎大師と多摩川を挟んだ羽田に明治時代半ばに誕生した穴守稲荷神社は、出現するとたちまちはやり神となり、川崎大師を競争相手するほどの神社に成長した。歌舞伎の上演や講の組織化など、ある意味で江戸時代から蓄積してきた手法も駆使して成長したが、その背後には木村荘平という、明治の都市東京をある面で牛耳った「桁外れの奇漢」の存在があった。穴守稲荷はこうした人物が、伝統的な参詣者誘致の方法を駆使しながら、のし上がっていった。大師電気鉄道から名を改めた京浜電気鉄道は、当初、こうした参詣地を結ぶことで基礎を固めていったのである。

卓越した経営手法と電鉄が結びつくことで大きく発展した社寺がある一方、そうした流れに必ずしもうまく乗り切れないところも出てくる。池上本門寺は、近世から江戸近郊の代表的な参詣地として栄えてきた。成田不動や川崎大師、さらには穴守稲荷とは違って、宗派における寺としての格も高い、古くからの有力寺院だった。それにもかかわらず、というべきか、それ故にというべきか、先に見た寺社ほど「寺門興隆」策に長じていたわけではない。競馬場など、さまざまな手段に手を出すが、火災に遭ったり、経営に失敗したり、必ずしもその試みが思うような成果をもたらさなかった。

素人考えでいえば、成田不動や川崎大師はあの弘法大師空海の弟子筋に当たっている。空海といえば、満濃池の修築や「山上都市」高野山の開発など、「経営上手」な印象だ。一方、本門寺は日蓮宗の大本山である。日蓮は、流罪になったり、果ては処刑されかかったりと、あまり処世術に長けていたようにも見えない。それはともかくとしても、本門寺はもっているポテンシャルを存分に生かしきれたとはいえないのだ。しかし、そうした本門寺にも高柳淳之助という、胡散臭いが実行力は抜群の事業家が関わることで、寺に至る電鉄を実現させることにこぎつけたのである。

池上電鉄が開業した一九二〇年代は、東京の都市化において大きな転機にかかっていた。郊外での宅地化が進む中で、社寺参詣から通勤通学への電鉄の転換が進んでいた。池上電鉄も延伸を進める中で通勤通学へのシフトを進め、最終的には五島慶太の率いる東横電鉄（現・東急電鉄）の傘下に入っていったのである。

こうした中で、池上周辺は「田園郊外」的な住宅地域へと変容を遂げていったが、その過程で「衛生的で健全な」というイメージに合わない伝染病患者の救済や花街といった機能は、異物として排除されていった。

都市政策の稚拙さと街の多様性

宗教的要素を排除してきた近代都市計画であったが、例外的に墓地は大きな関わりをもった。都市化が進行する中で墓地も郊外へと展開することになったが、そうした中で、電鉄が自ら墓地開発に取り組もうとする例がいくつも出てくることになった。そのうえ、電鉄が自ら墓地までの電車を運行する「葬式電車」の計画も登場する。

だが、結局は、日本の電鉄が葬式電車を実際に走らせることはほぼなかった。自動車の進出と道路の整備にともなって、その機能は新たに登場した「霊柩車」が担う形になったことに加えて、電鉄各社の性格がより通勤通学を志向するようになっていったからである。

こうして、大正時代の終わりまでに日本の電鉄は、大きくその姿を変えていく。もちろん、この時期にはまだ行楽輸送がかなり大きなウエイトを占めていたが、電鉄がめざす都市空間のモデルは、健全で衛生的な「田園都市」を明確にめざすようになっていったからである。

本書で見てきた社寺に関わる人々は、その強烈な個性も相まって、それぞれの電鉄に明確な個性をもたせた。電鉄には、この他都市間の連絡や蒸気鉄道を前身とするものがあったが、社寺参詣はその中でも有力なものだった。各電鉄の性格には濃淡があった。こうしたいくつかの要素が複合的に絡み合いながら、沿線ごとのカラーを形づくっていったのである。

もちろん、いずれの電鉄も沿線に次第に住宅地が展開し、通勤通学鉄道としての性格を強めていったことはたしかだ。それでもそれぞれの電鉄は、その来歴を反映しながら、それぞれ多様な性格をもち続けていったのである。

こうした多様性は、行政による都市政策の貧困さの反映でもあった。たしかに、政府は都市計画法を制定し、郊外へと拡大してゆく市街地化をコントロール下に置こうとした。あらかじめ道路やインフラを計画しておくことで、乱開発を防ごうとしたのである。その理念どおり進んでいれば、より健全で清潔、言い換えれば無機質で面白味のない郊外空間ができていたのかもしれない。

だが、実際のところは、政府が思い描くように都市開発が進んだわけではなかった。当時の郊外開発は、基本的に電鉄や土地会社、土地区画整理組合など、民間の思惑が先行する形で進行していったのである。とりわけ、電鉄各社を含む鉄道や軌道は、内務省が直接管轄する都市計画の対象ではなかった。

二〇世紀型大都市を超えて

こうした状況が変わっていく大きなきっかけとなったのが、一九三〇年代に行われた交通調整だった。交通調整とは、もともとは大都市における交通業者の統合をめざして、当時の鉄道省主導で行われた政策だが、東京においては、郊外空間を含んで新たに誕生した「大東京」の大きさに対応した都市交通網の構築をめざすという性格をあわせもっていた。[3]

交通調整では、結局、東京や大阪の交通機関の統合には至らず、地域ブロックごとに電鉄を再編するということで決着が図られた。こうして、東京では、東京急行、東武、西武、京成の四社が誕生することになった。当初当局がめざしたものからすると、結果としては不十分なものになったといえるかもしれない。だが、電鉄に対して行政の介入が強まっていくきっかけとなったという点では、画期的な意味をもっていた。

こうした流れは、戦後になると一層強まっていく。昭和三〇年代に入ると、東京では地下鉄と私鉄の相互直通運転が運輸省主導で進められていく。これは、戦前の交通調整では実現できなかった「大東京」、つまり東京都二三区の大きさに対応した交通網構築の試みという性格をもっていた。同時に、電鉄に対する行政の関与が強まってきたことの表れでもあった。相互直通はその後の東京における都市鉄道の大きなトレンドとなったが、その中で、各電鉄のあり方は次第に横並びとなっていった。[4] 電鉄ごとの個性はその後も残り続けるが、同時に次第に田園郊外的カラーに染められていったこともたしかだ。

そうした中で、小林一三モデルがそれまでにもまして賞揚されるようになってきた。なぜなら、二〇世紀型大都市の拡大と維持には、その方が適合的だったからである。近代の都市計画が、地域を機能別に分けてしまうことを基本的な考え方としてきたように、二〇世紀型大都市も基本的には均質な空間づくりを志向してきた。衛生的で健全な住宅地の中には工場や商店をつくらないといった類いのことだ。

こうした都市空間のあり方は、同じような人々が同じような生活スタイルでいることが効率的だった時代には、それなりに合理性があったことはたしかだ。また、二〇世紀型大都市が誕生した時代には、実際に都市内の衛生環境は劣悪で、ペストやコレラ、肺結核といった伝染病が多くの都市住民の命を奪っていた。その後も高度成長期にかけて公害が大きな問題となり続けたことも考えあわせなければならない。こうした時代に均質空間を志向したことは、それなりに意味があった。

だが、二一世紀になり、都市が直面する課題が変わってきた。従来の大都市のあり方では、それに対応できないことが露わとなってきている。「同じような広さの敷地に、同じような背格好の住宅、そして、同じような年頃の居住者」という住宅地のあり方は、一見して立派な街並みを維持している。だが、高齢化が進んで買い物が困難になっているにもかかわらず、依然として商店をつくらせないような空気を生んでいる。そして、こうした異種を排除する空気を、住民の多くが肯定している例もあるという。[5]

二〇世紀型大都市の「次」を模索するさまざまな取り組みもなされている。しかし、二〇世紀の「郊外生活」や「田園都市」に代わるような新たな都市像をはっきりと確立できているわけではないこともたしかだ。

東急電鉄は、自らが推進してきた多摩田園都市の経緯と理念をＰＲするための展示施設「東急多摩田園都市まちづくり館」を運営してきたが、二〇一五年に閉館している。[6]二〇世紀型大都市の物語が一定の役割を終えたことを象徴した出来事だったともいえる。大手私鉄では、現在沿線でさまざまな開発を手がけているが、[7] 二〇世紀型大都市に代わる新たな都市のモデルを確立できているわけではない。[8] 実際のところ、多摩ニュータウンの次には、つくばエクスプレスの沿線の千葉県流山市というように、一時に同じような年齢の人々が集中的に住むようになるという「焼畑的」な住み方が、現在でも郊外で繰り返されているのだ。[9] もちろん、こうした状況を打開するために、多様性や共生といった観点から各方面で試行錯誤が続けられている。また、無機質な空間と扱われがちなこうした地域も、もともと無人で空白の空間だったわけではない。それ以前からの地域の歴史の蓄積があり、何らかの機会にこうした「古層」が顔をのぞかせる。[10] 郊外の歴史も、本来は「郊外生活」や「田園都市」の物語に回収されない多様性をもっていたのである。

だとするならば、こうした問題を考えるためには、二〇世紀大都市の成り立ちの過程をもう一度解き明かし直してみる必要があるだろう。とりわけ日本の近代における郊外都市システムの形成に大きな役割を果たしたのが電鉄だったとすれば、やはり電鉄ができていく過程に立ち返るべきだと考えたのが本書の発端である。

つまり、実際にたどった途とは異なる、電鉄と都市の可能性があり得たのではないかということである。そうした中で浮かび上がってきたのが、電鉄と社寺との深い関わりであった。この二つが結びつくことで、参詣する人びとを集めるだけでなく、公園や道路、見世物小屋、競馬場、さらには住宅地といったさまざまな都市装置が吸い寄せられ、郊外に都市ができていったのである。

このことから読み取れることは一つではない。ただ、計画よりも人の総体として電鉄を中心とする都市空間ができはじめていったことはたしかであり、当初日本の電鉄がもっていた多義性の多くは、社寺参詣に深く関わって生じたものだった、ということはひとまず言うことはできるだろう。

本書で見たように、日本の電鉄の性格は元来多様性に富んでいた。社寺参詣との関わりひとつとっても、それぞれが強い個性をもっていた。だとすれば、日本の大都市郊外のあり方もまた多義的であってもいいはずだ。だからこそ、電鉄の来歴の物語も、もっと多様性に富んでいてもいいのではないかと思う。

注

【はじめに】

1　五十嵐太郎「宗教都市史　なぜ近代以降の宗教都市は研究されないのか?」都市史研究会編『年報　都市史研究6　宗教と都市』(山川出版社、一九九八年)。近年は、近代都市と宗教施設に関する研究も進められつつあるが、多くは「新宗教」や「国家神道」との関係を意識したものだ。

2　御厨貴『二〇世紀の日本10　東京　首都は国家を超えるか』(読売新聞社、一九九六年)六三頁

【序章】

1　ルイス・マンフォード(生田勉訳)『歴史の都市　明日の都市』(新潮社、一九六九年)三六九〜四四八頁

2　芝村篤樹「巨大都市の形成　市区改正から都市計画へ」成田龍一編『近代日本の軌跡9　都市と民衆』(吉川弘文館、一九九三年)

3　吉見俊哉「大正期におけるメディア・イベントの形成と中産階級のユートピアとしての郊外」『東京大学新聞研究所紀要』四一号、一九九〇年

4　宮田伊知郎「郊外史の出現と消滅?」『歴史評論』七七六号、二〇一四年

5　高嶋修一『都市近郊の耕地整理と地域社会』(日本経済評論社、二〇一三年)二二九頁

6　山室信一「サラリーマン・職業婦人・専業主婦の登場」佐々木幹郎・山室信一・渡辺裕編『大正=歴史の踊り場とは何か』(講談社選書メチエ、二〇一八年)

7　牟田和恵「日本型近代家族の成立と陥穽」『岩波講座現代社会学19〈家族〉の社会学』(岩波書店、一九九六年)

8　石塚裕道『東京の社会経済史』(紀伊國屋書店、一九七七)

9　三木理史は、現在の「私鉄」の多くが、実態としては「都市近郊鉄道」ないしは「郊外電車」と称すべきものであることを指摘している(三木理史「「私鉄」概念の成立と関西」千田稔編『関西を創造する』和泉書院、二〇〇八年)。ただ単に「私鉄」と称した場合、大都市近郊だけではなく、「地方のロ

ーカル私鉄」といったものも含んでしまう。そこで本書では大都市近郊の私鉄を「電鉄」と便宜上称したが、地方にも「電鉄」がないわけではないので、厳密な呼び方ではないことはたしかだ。

10 片木篤編『私鉄郊外の誕生』（柏書房、二〇一七年）三頁

11 竹村民郎『大正文化　帝国のユートピア』（三元社、二〇一〇年）二五六頁

12 小林一三に関する近年の研究動向については、拙稿「小林一三の再評価　箕面有馬電気軌道の創業時を中心に」井田泰人編『鉄道と商業』（晃洋書房、二〇一九年）参照。

13 竹村民郎「20世紀初頭日本における機械文明の受容と阪急「交通文化圏」の成立　小林一三による阪急電車沿線開発と宝塚少女歌劇創設をめぐって」『大阪産業大学論集　社会科学編』七一号、一九八八年、津金澤聰廣『宝塚戦略　小林一三の生活文化論』（講談社現代新書、一九九一年）

14 原武史『「民都」大阪対「帝都」東京』（講談社選書メチエ、一九八八年）

15 たとえば老川慶喜『小林一三』（ＰＨＰ研究所、二〇一七年）など。

16 鹿島茂『明治の革新者　ロマン的魂と商業』（ベスト新書、二〇一八年）一九五頁

17 たとえば、箕面有馬の土地買収の実態に迫り、地方改良運動との関係を明らかにした中村尚史（「電鉄経営と不動産業」『社会科学研究』五八〔三・四〕、二〇〇七年）や、宝塚温泉や遊園地を建築の面から検討し、花街との関係を指摘した安野彰（「遊園地・宝塚新温泉が形成した娯楽空間の史的理解」『市史研究紀要　たからづか』二〇、二〇〇三年）、箕面開発の一連の取り組みの中から宝塚歌劇のコンセプトが生まれてきたことを明らかにした伊井春樹など、個々の事業や活動について実証研究を積み重ねることで、これまでのイメージを修正する研究が行われるようになってはきている。

18 中西健一『日本私有鉄道史研究』（日本評論新社、一九六三年）二五一頁

19 前掲「電鉄経営と不動産業」

20 咬菜社編『箕面有馬電鉄沿線遊覧案内』（咬菜社、一九一〇年）によれば、当時の同社には「普通回数券」と「区内回数券」があったが、割引率は一〜二

割である。

21 二〇一七年度の大手私鉄の定期券客の比率は、平均五八・九%である（日本民営鉄道協会編『大手民鉄の素顔　二〇一八』）。これは乗客数の統計であり、明治大正時代に依拠していた収入ベースとは同一ではないが、大まかな傾向はうかがうことができる。

22 通勤費の補助制度は、戦時期から徐々に導入が進んでいたが、当初は工場へ遠距離通勤を余儀なくされる労務者への補助という性格が強く、職員層への普及は遅れた。昭和三〇年代に入ると国家公務員にも通勤費の補助が導入されるなど、制度化、一般化が進んだ。

23 前掲「小林一三の再評価　箕面有馬電気軌道の創業時を中心に」、拙稿「小林一三の郊外開発と地域社会」『史海』六六号、二〇一九年

24 渋谷申博『聖地鉄道』（洋泉社、新書y、二〇一一年）

25 ロバート・フィッシュマン著、小池和子訳『ブルジョワ・ユートピア　郊外住宅地の盛衰』（勁草書房、一九九〇年）

26 小池滋、和久田康雄編『都市交通の世界史』（悠書館、二〇一二年）、北河大次郎『近代都市パリの誕生　鉄道・メトロ時代の熱狂』（河出ブックス、二〇一〇年）

27 ジャン＝ポール・ブリゲリ著、池上俊一監修、岩澤雅利訳『モン・サン・ミシェル』（創元社、二〇一三年）一二五頁

28 もちろん、欧米諸国で教会が都市化とまったく無関係であったわけではない。ロンドン南部では、教会が所有する土地が多かったが、彼らが鉄道による鉄道の敷設を歓迎していたこともあって、市街地化が北部に比べると早く進んだという（Christian Wolmar, "The Subterranean Railway: How the London Underground Was Built and How It Changed the City Forever," p.14）。また、アメリカの郊外では、移民集団ごとに、異なった教派の教会が建設される傾向があった（Sam Bass Warner, Jr., "Streetcar Suburbs," Harvard University Press）。さらに地域の教会の牧師が、自らの教派に属する人々が一定の郊外地域に住むことを奨励するなど（竹田有「郊外化とアメリカ中産階級」『アメリカ研究』二八号、一九九四年）、郊外での都市形成に教会が

一定の役割を果たしていたこともたしかだ。
29 拙稿「小林一三と郊外開発」『日本歴史』七七二号、二〇一二年
30 北尾鐐之助編『清荒神』(三光社、一九五八年)五一頁
31 同右 七二頁
32 同右
33 阪神急行電鉄株式会社編『阪急沿線案内』(阪神急行電鉄、一九二四年)三四頁
34 「新日本風土記 宝塚」NHK BS、二〇一六年八月五日放送
35 大久保透『最近之大阪市及其附近』(大久保透、一九一一年)四二五〜四二六頁
36 有川浩『阪急電車』(幻冬舎文庫、二〇一〇年)一七頁
37 小林一三『逸翁自叙伝』(図書出版社、一九九〇年)一五〇〜一五一頁
38 木下直之「モダニズム再考」(「阪神間モダニズム」展実行委員会編著『阪神間モダニズム：六甲山麓に花開いた文化、明治末期 昭和15年の軌跡』淡交社、一九九七年)
39 上田篤『都市と日本人』(岩波新書、二〇〇三年)一七八頁
40 たとえば、平山昇『初詣の社会史』(東京大学出版会、二〇一五年)。

【第一章】

1 野田正穂、原田勝正、青木栄一、老川慶喜編著『日本の鉄道 成立と展開』(日本経済評論社、一九八六年)、三七〜四一頁
2 老川慶喜『日本鉄道史 幕末・明治篇』(中公新書、二〇一四年)一八〇〜一八一頁
3 平山昇『鉄道が変えた社寺参詣』(交通新聞社新書、二〇一二年)二二、一六四〜一六五頁
4 「阪堺鉄道経歴史」野田正穂ほか編『明治期鉄道史資料 第二集 第三巻』(日本経済評論社、一九八〇年)
5 宇田正『鉄道日本文化史考』(思文閣出版、二〇〇七年)一九一頁
6 前掲『日本鉄道史 幕末・明治篇』四四〜四七頁
7 蛭川久康『トマス・クックの肖像』(丸善ブックス、一九九八年)六七頁

8 同右　一一～一二頁
9 本城靖久『トーマス・クックの旅』（講談社現代新書、一九九六年）一四頁
10 「私設鉄道願」『公文類聚・第十一編・明治二十年・第三十七巻・運輸門七・橋道四』（国立公文書館所蔵）、「讃岐鉄道」『読売新聞』一八八七年五月一日
11 香取多喜「讃岐鉄道」『工学会誌』九三巻、一八八九年
12 神崎宣武『江戸の旅文化』（岩波新書、二〇〇四年）六頁
13 「参宮鉄道会社創立願書」『公文類聚・第十三編・明治二十二年・第四十七巻・運輸七・橋道鉄道附二』
14 ジョン・ブリーン『神都物語』（吉川弘文館、二〇一五年）三一～三四頁
15 同右　四七～五三頁
16 同右　四六頁
17 三谷敏一『神都名家集』（三谷敏一、一九〇一年）一二七頁
18 軌道の場合は「特許」。
19 成田市史編さん委員会編『成田市史　近代編史料集五　産業・経済』（成田市、一九八三年）四五四頁
20 同右四六二頁
21 原淳一郎『近世寺社参詣の研究』（思文閣出版、二〇〇七年）二三三頁
22 同右　二五五頁
23 同右　二三二～二四八頁
24 新勝寺編『成田山史』（成田山開基一千年祭事務局、一九三八年）一八七頁
25 前掲『近世寺社参詣の研究』二三一～二五七頁
26 村上重良「明治維新と原口照輪」田中久夫編『不動信仰』（雄山閣出版、一九九三年）二七一頁、前掲『近世寺社参詣の研究』二五五頁
27 平沼淑郎著、入交好脩編『近世寺院門前町の研究』（早稲田大学出版部、一九五七年）一一九～一二六頁
28 前掲『成田市史　近代編史料集五』四七一頁
29 村上重良『成田不動の歴史』（東通社出版部、一九六八年）二五九頁
30 成田市史編さん委員会編『成田市史　近現代編』（成田市、一九八六年）一一〇頁
31 前掲『成田不動の歴史』二五八頁
32 前掲『成田市史　近現代編』一一〇頁

33 前掲「明治維新と原口照輪」
34 前掲『成田市史　近現代編』一一一頁
35 前掲『成田不動の歴史』二六六〜二六八頁
36 同右二六八〜二六九頁
37 同右二六七、二七八〜二七九頁
38 「三池僧正の遷化を悼む」『成田志林』二一号、一八九六年（成田山仏教図書館所蔵）
39 大野政治『門前町成田の歩み』（門前町成田の歩み発行所、一九五五年）二六九頁
40 前掲『成田市史　近現代編』二三六頁
41 前掲『成田市史　近代編史料集五』四五五頁
42 矢嶋毅之「成田鉄道と成田山信仰」『史学研究集録』二〇、一九九五年
43 前掲『成田市史　近現代編』一二〇頁
44 江島尚俊「日本近代仏教教団論への試み　明治期・知恩院を事例として」『大正大学大学院研究論集』三一号、二〇〇七年
45 岩沢左衛門編『三池照鳳僧正』（心聲社、一八九四年）一〇、三九頁
46 前掲『成田山史』二五六頁
47 前掲『成田市史　近現代編』一二〇頁
48 同右　一一九頁
49 同右　一一七〜一一八頁
50 前掲『門前町成田の歩み』二六八頁
51 前掲『近世寺院門前町の研究』一一六頁
52 前掲『成田市史　近代編史料集五』四五五〜四五六頁
53 同右　一一七頁
54 同右　二一六頁
55 前掲『近世寺院門前町の研究』一〇四頁
56 前掲『成田山史』九二頁
57 同右　九三〜九四頁
58 同右　七〇八〜七一〇頁
59 前掲『成田不動の歴史』二九三頁
60 同右
61 前掲『成田山史』四九六〜五一二頁
62 前掲『成田不動の歴史』二九五頁
63 前掲『近世寺院門前町の研究』一一五頁
64 白土貞夫「新勝寺参詣客輸送をめぐる成田、総武両鉄道の抗争」『成田市史研究』五号、一九七八年
65 「成田鉄道と成田町」『成田志林』三〇号、一八九七年。および「成田の近況」『成田志林』三一号、一

八九七年
66 前掲『成田市史　近現代編』二四一頁
67 「成田の昨今」『成田志林』二四号、一八九六年
68 前掲『聖地鉄道』二二頁
69 前掲『成田市史　近現代編』二三九頁
70 前掲「成田の近況」
71 成田市史編さん委員会編『成田市史　近代編史料集一（旧町村誌）』（成田市、一九七二年）一三四頁
72 野村藤一郎「成田町誌」同右　一一頁
73 雪中庵雀志「成田詣」出口智之編『汽車に乗った明治の文人たち』（教育評論社、二〇一四年）二六三〜二六四頁
74 同右　二六四頁
75 前掲『成田山史』一九七〜一九八頁
76 老川慶喜『鉄道と観光の近現代史』（河出ブックス、二〇一七年）二三頁
77 前掲『成田不動の歴史』二六八頁
78 前掲『神都物語』四六〜五一頁
79 石倉重継『成田山名所図会』（博文館、一九〇三年）五二頁
80 徳富健次郎〔蘆花〕『青蘆集』（民友社、一九〇二年）一七四頁
81 「成田の将来」『成田志林』二三号、一八九六年
82 新勝寺編『新修成田山史』（大本堂建立記念開帳奉修事務局、一九六八年）一六七頁
83 小泉力「林脩己先生のこと」『花葉』三三号、二〇一四年
84 前掲『新修成田山史』一六九頁
85 前掲『成田市史　近現代編』一二二頁
86 鏑木行廣『佐倉惣五郎と宗吾信仰』（崙書房、一九九八年）二二四〜二二八頁
87 前掲『成田市史　近現代編』一二二〜一二三頁
88 前掲『成田市史　近代編史料集五』四九二頁
89 同右　五〇一頁
90 前掲『成田市史　近現代編』四六一頁
91 『復刻　照心大僧正伝』（東京文芸館、二〇〇〇年）三〇〜三一頁
92 白土貞夫「千葉県下を最初に走った成宗電気軌道の電車」『成田市史研究』二四号、二〇〇〇年
93 前掲『成田不動の歴史』三二四頁
94 前掲『成田市史　近代編史料集五』四七一〜四七二頁

95 前掲『成田市史　近現代編史料集』二四五頁
96 前掲『門前町成田の歩み』二八二頁
97 若尾政希『百姓一揆』（岩波新書、二〇一八年）二〇二〜二〇五頁
98 堺利彦『当なし行脚』（改造社、一九二八年）一〜二頁
99 小田急電鉄株式会社編『利光鶴松翁手記』（小田急電鉄株式会社、一九五七年）五三四頁
100 京成電気軌道株式会社『第五期報告書』（株主名簿）
101 前掲『門前町成田の歩み』二九四頁
102 前掲『成田市史　近代編史料集五』四七二頁
103 卯田卓矢「比叡山における鉄道敷設と延暦寺」『歴史地理学』五七—三、二〇一五年
104 芝山町史編さん委員会編『芝山町史　通史編　下』（千葉県山武郡芝山町、二〇〇六年）三〇七〜三一二頁
105 五木田真一『芝山霊場志』（芝山霊場志発行所、一九〇二年）三頁
106 「芝山成田間の電気鉄道」『読売新聞』一九〇一年三月二六日
107 前掲『芝山霊場志』三〇頁
108 芝山町町史編さん委員会編『芝山町史　資料集4　近現代編』（千葉県山武郡芝山町、二〇〇一年）三三三頁
109 芝山町立芝山古墳・はにわ博物館編『平成25年度企画展図録　しばやま鉄道物語　軽便鉄道・幻の鉄道・芝山鉄道』二八〜二九頁
110 同右　二九頁
111 前掲『芝山町史　資料集4　近現代編』三四六頁
112 同右　三四九頁
113 前掲『成田山史』二七三頁
114 同右　二七四頁
115 前掲『新修成田山史』三〇三頁
116 京阪電気鉄道株式会社経営統括室経営政策担当編『京阪百年のあゆみ』（京阪電気鉄道、二〇一一年）一二七頁
117 中川理「郊外住宅地開発に見られた方位観と寺院の誘致」中川理編『近代日本の空間編成史』（思文閣出版、二〇一七年）
118 前掲『成田山史』三二二頁
119 太田光凞『電鉄生活三十年』（太田光凞、一九三八年）四二頁

120 前掲『京阪百年のあゆみ』八五〜八六頁
121 村岡四郎「成田山と共に三十五年！」『開創三十五周年記念出版』（成田山大阪別院、一九六九年）
122 宇田正「太田光凞」鉄道史学会編『鉄道史人物事典』（日本経済評論社、二〇一三年）
123 前掲『京阪百年のあゆみ』一一七頁
124 松田照應「大阪別院回顧録」『成田山霊報』三五号、一九六九年（成田山仏教図書館所蔵）
125 前掲『新修成田山史』三〇五頁
126 前掲「大阪別院回顧録」
127 中村憲司「自動車祈禱の発生と変容」『仏教文化学会紀要』一五号、二〇〇七年
128 土川元夫「荒木大僧正に想う大僧正と名古屋鉄道」大本山成田山新勝寺編『荒木大僧正を偲ぶ　荒木照定大和尚小祥忌記念』（大本山成田山新勝寺、一九六六年）

［第二章］

1 池上真由美『江戸庶民の信仰と行楽』（同成社、二〇〇二年）三五頁
2 鈴木章生『江戸の名所と都市文化』（吉川弘文館、二〇〇一年）
3 原淳一郎「川崎大師平間寺の隆盛と厄除信仰」『民衆史研究』六四号、二〇〇二年
4 佐藤教倫『平間寺史』（平間寺出版部、一九三四年）五三頁
5 同右　一二八〜一二九頁
6 「川崎大師縁日汽車度数増届」『公文録・明治五年・第五十八巻・壬申七月〜九月・工部省伺（七月・八月・九月）』（国立公文書館所蔵）
7 前掲『平間寺史』五七〜五八頁
8 同右　七〇頁
9 同右　五九頁
10 同右　五九頁
11 同右　七二〜七三頁
12 伊藤将典「川崎市大師公園の再整備と水管理」『緑の読本』三一集、一九九四年
13 拙稿「郊外行楽地の盛衰」奥須磨子・羽田博昭編著『都市と娯楽』（日本経済評論社、二〇〇四年）
14 前掲『平間寺史』七二〜七三頁
15 同右　七三頁
16 同右　二二七〜二三四頁

17 「川崎大師の新道」『東京朝日新聞』一八八九年三月九日
18 前掲『平間寺史』六〇～六一、七〇～七一頁
19 大本山川崎大師平間寺『川崎大師平間寺近現代史』（大本山川崎大師平間寺、一九九九年）七五〇～七五一頁
20 平山昇「明治期東京における「初詣」の形成過程」『日本歴史』六九一号、二〇〇五年
21 前掲『平間寺史』五八頁
22 同右　七〇頁
23 「平間寺昇格」『東京朝日新聞』一八九八年七月一三日
24 「大師河原の繁昌」『風俗画報臨時増刊　東京近郊名所図会第一二巻　南郊之部其六』（東陽堂、一九九一）
25 野田正穂ほか編『神奈川の鉄道』（日本経済評論社、一九九六年）四三～四五頁
26 拙稿「東京における都市交通の成立と再編成」老川慶喜編著『両大戦間期の都市交通と運輸』（日本経済評論社、二〇一〇年）
27 宮田憲誠『京急電鉄　明治・大正・昭和の歴史と沿線』（JTBパブリッシング、二〇一五年）三四～三五頁
28 前掲『平間寺史』二五四頁
29 前掲「大師河原の繁昌」
30 （広告）「電車ノ観桜花ノトン子ル」『横浜貿易新聞』一九〇〇年四月一一日
31 「大師電気」『東京朝日新聞』一八九八年一二月一〇日
32 大師河原村編『神奈川県橘樹郡大師河原村勢要覧』（大師河原村、一九二二年）一二六頁
33 「大師公園の拡張」『東京朝日新聞』一九一〇年一月二四日
34 前掲『神奈川県橘樹郡大師河原村勢要覧』一二六頁
35 前掲「大師公園の拡張」
36 橋爪紳也『増補　明治の迷宮都市』（ちくま学芸文庫、二〇〇八年）一四二頁
37 「大師パノラマの計画」『横浜貿易新報』一九〇八年三月一一日
38 「大師河原霊鉱泉落成」『東京朝日新聞』一九一〇年八月一〇日
39 「大師の遊園地」『東京朝日新聞』一九一〇年五月三

日

40 「大師公園の設置」『東京朝日新聞』一九一一年八月二一日

41 前掲『増補　明治の迷宮都市』一五六頁

42 田山花袋『一日の行楽』（博文館、一九一八年）三九四～三九五頁

43 神奈川県橘樹郡編『神奈川県橘樹郡案内記』（神奈川県橘樹郡、一九一四年）「大師河原村」四頁

44 中野町人『大正膝栗毛』（東亜堂書房、一九一八年）一二頁

45 前掲「大師河原の繁昌」

46 川崎市編『川崎市史　通史編3』（川崎市、一九九五年）八三頁

47 石塚裕道『日本近代都市論』（東京大学出版会、一九九一年）一七三～一七九頁

48 前掲『平間寺史』一二七～一三五頁

［第三章］

1 穴守稲荷神社ホームページ http://anamori.jp/ （二〇一九年三月三一日）

2 谷口貢「東京の近郊地域における稲荷信仰　穴守稲荷の成立と展開をめぐって」『駒澤大学 文化』三四号、二〇一六年

3 鈴木嘉之助編『信仰美談 穴守稲荷』（中央出版協会、一九〇二年）一二頁

4 同右　二〇～二三頁、藤井内蔵太郎『穴守神社由来記　羽田土産』（青陽堂、一九〇一年）一～二頁

5 杉本嘉次郎編『穴守稲荷縁起』（全国社寺取調所、一九〇一年）

6 金子胤徳『穴守稲荷神社縁起』（穴守神社社務所、一九一二年）三三頁

7 同右　三四頁

8 前掲『穴守神社由来記　羽田土産』三頁

9 前掲『穴守稲荷神社縁起』一七一～一七五頁

10 同右　二五～二七頁

11 同右　一七六頁

12 前掲『信仰美談　穴守稲荷』一五頁

13 前掲『穴守稲荷神社縁起』一七七頁

14 同右　一八〇～一八一頁

15 穴守稲荷神社編『穴守稲荷神社史』（穴守稲荷神社、二〇〇八年）一四五～一六四頁

16 「穴守稲荷」『東京朝日新聞』一八九一年九月一七日

17　島田裕巳『京都がなぜいちばんなのか』（ちくま新書、二〇一八年）三〇頁
18　「穴守稲荷の華表数」『東京朝日新聞』一八九二年三月一一日
19　金子徳次郎「穴守神社の縁起及び其の繁昌（下）」津秦美佐雄編著『茬原繁昌記　第三版』（文華庵書房、一九〇〇年）
20　前掲『京都がなぜいちばんなのか』一八頁
21　「同じく羽衣座」『東京朝日新聞』一八九八年一〇月六日
22　（広告）「大勉強宮戸座開場」『読売新聞』一八九九年二月四日
23　小宮麒一編『歌舞伎・新派・新国劇上演年表　明治元年―平成18年』（小宮麒一、二〇〇七年）
24　有山輝雄『甲子園野球と日本人』（吉川弘文館、一九九七年）七一〜七二頁
25　前掲『穴守稲荷縁起』
26　前掲『穴守稲荷神社縁起』一六三〜一六七頁
27　川村邦光『幻視する近代空間』（青弓社、二〇〇六年）三七〜四七頁
28　前掲『穴守稲荷神社縁起』一六三〜一六七頁
29　前掲「東京の近郊地域における稲荷信仰」
30　前掲『信仰美談 穴守稲荷』三九頁
31　前掲「穴守神社の縁起及び其の繁昌（下）」一七〜一八頁
32　前掲『信仰美談 穴守稲荷』三九頁
33　松永敏太郎編『木村荘平君伝』（錦蘭社、一九〇八年）二六〜二八頁
34　同右　二二頁
35　松山恵「明治初年の東京と霧島神宮遥拝所」藤田大誠、青井哲人、畔上直樹、今泉宜子編『明治神宮以前・以後　近代神社をめぐる環境形成の構造転換』（鹿島出版会、二〇一五年）
36　立川健治『競馬の社会史一　文明開化に馬券は舞う　日本競馬の誕生』（世織書房、二〇〇八年）八二〜八四頁
37　山寺清二郎編『東洋実業家評伝　第二編』（博交館、一八九四年）一六五頁
38　同右　一六六頁
39　前掲『木村荘平君伝』四七頁
40　木村荘八「桁外れの奇漢」『読売新聞』一九五三年一月三〇日

41 前掲『木村荘平君伝』四三～四五頁

42 前掲『明治の革新者　ロマン的魂と商業』一一二～一二〇頁

43 横山百合子『江戸東京の明治維新』（岩波新書、二〇一八年）一四〇～一六七頁

44 前掲『信仰美談　穴守稲荷』三五～三六頁

45 前掲『木村荘平君伝』三四～三五頁

46 同右　三六頁

47 前掲『信仰美談　穴守稲荷』三七頁

48 前掲『東洋陽実業家評伝』二〇九頁

49 小川功「明治期東京ベイ・スパ・リゾートへの投資リスク」『跡見学園女子大学マネジメント学部紀要』一三号、二〇一二年

50 「東京市の一大伏魔殿（四）」『東京朝日新聞』一九〇九年一月一七日

51 尾崎行雄『民権闘争七十年』（講談社学術文庫、二〇一六年）一一四頁

52 前掲『民権闘争七十年』一〇一頁

53 前掲『木村荘平君伝』四一頁

54 前掲『20世紀の日本10　東京』二七～二九頁

55 前掲『木村荘平君伝』三三～三四頁

56 前掲「桁外れの奇漢」

57 前掲『木村荘平君伝』五七頁

58 北荻三郎『いろはの人びと』（文化出版局、一九七八年）七一頁

59 『東京博善株式会社五十年史』（東京博善社、一九七一年）二～三頁

60 前掲『穴守稲荷神社縁起』四二～四三頁

61 前掲『信仰美談　穴守稲荷』五七～五八頁

62 「境内霊山」とか「稲荷山」といった異名あったようだ。

63 前掲「東京の近郊地域における稲荷信仰」

64 前掲『信仰美談　穴守稲荷』五〇～五一頁

65 同右　五一頁

66 同右　六三～六九頁

67 前掲『神都物語』四九～五二頁

68 前掲『信仰美談　穴守稲荷』六二頁

69 「穴守稲荷神社縁起」東京都大田区史編さん委員会編『大田区史　資料編寺社1』（東京都大田区、一九八一年）

70 「京浜電鉄広告」『横浜貿易新報』一九〇二年九月二日

71 「京浜電鉄遊覧地案内図」横山宗一郎写真、宮田登文『空港のとなり町　羽田』（岩波書店、一九九五年）

72 小林一三『小林一三日記　第一巻』（阪急電鉄株式会社、一九九一年）一〇三頁

73 前掲「大師河原の繁昌」

74 前掲『穴守稲荷神社縁起』二三～二四頁

75 「神社境内地区域取広願」東京府文書『明治三十八年　文書類纂神社祠宇第二巻』

76 同右

77 前掲『穴守稲荷神社縁起』七三～七四頁

78 同右　七四頁

79 「穴守稲荷の公園設計」『横浜貿易新報』一九〇八年二月一四日

80 新倉善之編『大田の史話　その2』（大田区史編さん委員会、一九八八年）三二三頁

81 前掲『信仰美談　穴守稲荷』八三頁

82 遅塚麗水『京浜遊覧案内』（京浜電気鉄道株式会社、一九〇九年）三五頁

83 大町桂月『東京遊行記』（大倉書店、一九〇六年）一三五頁

84 前掲『空港のとなり町　羽田』二八頁

85 「穴守詣で（上）」『横浜貿易新報』一九〇八年二月二七日

86 田山花袋『一日の行楽』（博文館、一九一八年）三九六頁

87 小松謙堂『帝都郊外発展誌　城南の巻』（東海新聞社、一九二八年）一六一～一六二頁

88 「穴守詣で（下）」『横浜貿易新報』一九〇八年二月二九日

89 「羽田支線延長敷設御願」東京府文書『大正五年鉄道軌道　冊ノ十二』

90 「京浜電鉄穴守線延長ニ関スル陳情書」同右

91 「羽田町民京浜電車に反抗す」『横浜貿易新報』一九一四年一月二八日

92 前掲『穴守稲荷神社縁起』六頁

93 前掲『川崎市史　通史編3』二五九～二六二頁

94 前掲『日本近代都市論』一七三～一七九頁

95 平木国夫『羽田空港の歴史』（朝日選書、一九八三年）二六頁

96 「参議院　厚生・文部・地方行政委員会連合審査会会議録」一九五〇年一一月一六日

97　航空ジャーナリスト協会編『羽田開港50年』（東京国際空港五〇周年記念行事実行委員会、一九八二年）四二頁
98　加藤政洋『敗戦と赤線』（光文社新書、二〇〇九年）七六〜九〇、九二頁
99　「［多摩川を行く］（44）羽田の大鳥居　激動の時代見つめ（連載）」『読売新聞』二〇〇一年三月二九日
100　「［なぜでしょう］＝26　滑走路に稲荷の鳥居」『読売新聞』一九五四年三月二四日
101　大田区史編さん委員会編『大田区史　（資料編）民俗』（東京都大田区、一九八三年）三七二頁
102　「羽田の鳥居、移転に悩む　新滑走路施設のジャマ　迫るタイムリミット」『読売新聞』一九九八年六月二日
103　「［歩き目デス］鳥居様どうかお移りを…」『読売新聞』一九九五年一〇月一一日

［第四章］

1　五島慶太『七十年の人生』（要書房、一九五三年）四〇頁
2　松永安左ヱ門「どえらい男」五島慶太伝記並びに追想録編集委員会編『五島慶太の追想』（五島慶太伝記並びに追想録編集委員会、一九六〇年）
3　長男冨佐雄が病に倒れてからは、一三の宗教に対する態度は大きく変化したようだが、それは最晩年になってからのことだ（北康利『小林一三　時代の十歩先が見えた男』ＰＨＰ研究所、二〇一四年、二四八頁）
4　矢野真「下宿の電話でおアツイ話」前掲『五島慶太の追想』
5　富永潮澍編『池上長栄山本門寺誌』（富永潮澍、一八九六年）五〜六頁
6　前掲『江戸の名所と都市文化』二一八〜二二二頁
7　大田区史編さん委員会編『大田区史　中』（東京都大田区、一九九二年）三三一〜三四頁
8　新倉善之『池上本門寺百年史』（大本山池上本門寺、一九八一年）五六頁
9　同右　五六〜五八頁
10　同右　五八頁
11　平出鏗二郎『東京風俗志　中』（冨山房、一九〇一年）五八〜五九頁
12　『読売新聞』一八七六年五月二五日

13 石倉重継『日蓮宗各本山名所図会』（博文館、一九〇三年）三〇五頁
14 前掲『大田区史（資料編）民俗』四〇三頁
15 『読売新聞』一八七八年四月二〇日
16 前掲『大田区史（資料編）民俗』五八一頁
17 『読売新聞』一八七九年一二月一六日
18 前掲『東京遊行記』一五二頁
19 宮部治郎吉、高橋友夫編『東京郷土地誌遠足の友』（金昌堂、一九〇三年）五三頁
20 『読売新聞』一八八七年三月一一日
21 前掲「郊外行楽地の盛衰」
22 小川功『虚構ビジネス・モデル』（日本経済評論社、二〇〇九年）一二頁
23 前掲『一日の行楽』三六八頁
24 松川二郎『日がへりの旅　郊外探勝』（東文堂、一九一九年）四六頁
25 「本門寺の御会式」『東京朝日新聞』一九〇二年一〇月一一日
26 小谷野敦『日本売春史』（新潮選書、二〇〇七年）一九、二四頁
27 井上章一『愛の空間』（角川選書、一九九九年）一九七頁
28 前掲『池上本門寺百年史』八二～八五頁
29 同右　五五頁
30 同右　八二頁
31 「釈迦堂大修繕勧募緒言」東京府文書『明治三十三年　寺院仏堂　三巻』
32 前掲『池上本門寺百年史』一〇一頁
33 同右　一〇八頁
34 武市銀治郎『富国強馬』（講談社選書メチエ、一九九九年）一四一～一四二頁
35 加納久宜「東京競馬会追懐録」小松謙堂編『加納久宜全集』（子爵加納久宜遺稿刊行会、一九二五年）
36 同右
37 「創立事項報告」東京競馬倶楽部編『東京競馬会及東京競馬倶楽部史　第一巻』（東京競馬倶楽部、一九四一年）
38 安田伊左衛門述「競馬夜話」同右
39 前掲『池上本門寺百年史』一六四頁
40 「土地売却願」東京府文書『明治四十年　寺院仏堂七巻』
41 同右

42　前掲「競馬夜話」
43　同右
44　前掲『池上本門寺百年史』一二二頁
45　前掲「競馬夜話」
46　「池上競馬会と附近住民の紛紜」『読売新聞』一九〇七年五月二二日
47　「第一回東京競馬会」『東京朝日新聞』一九〇六年一一月六日
48　「池上に於ける競馬場工事を観る（上）」『東京朝日新聞』一九〇六年六月九日
49　「池上競馬場」『東京朝日新聞』一九〇六年一一月八日
50　「明治三十九年度事業概況報告書」東京競馬倶楽部編『東京競馬会及東京競馬倶楽部史　第二巻』（東京競馬倶楽部、一九三九年）
51　矢野吉彦『競馬と鉄道』（交通新聞社新書、二〇一八年）二九～三五頁
52　「池上本門寺会式の前景気」『読売新聞』一九〇七年一〇月八日
53　前掲『競馬と鉄道』二七～二八頁
54　「明治四十一年事業概況報告書（前期・後期）」前掲『東京競馬会及東京競馬倶楽部史　第二巻』
55　前掲『池上本門寺百年史』一二五頁
56　「東京競馬会清算ニ関スル文書」前掲『東京競馬会及東京競馬倶楽部史　第二巻』
57　新倉海北『新倉日元上人』（善立寺、一九四二年）二一〇頁
58　「土地売却願」東京府文書『明治四十五年寺院仏堂七巻』
59　前掲『池上本門寺百年史』一三五頁
60　同右　一五八頁
61　同右　一五七頁
62　前掲「土地売却願」
63　前掲『新倉日元上人』二一〇頁
64　同右
65　「本門寺改革の声」『読売新聞』一九一二年一一月一四日
66　前掲『池上本門寺百年史』一五九頁
67　新倉海北『新倉日元上人』（善立寺、一九四二年）二一〇頁
68　前掲『池上本門寺百年史』一六三頁
69　前掲『新倉日元上人』二一〇頁

70 前掲『池上本門寺百年史』一六六頁
71 前掲『新倉日元上人』二八三頁
72 同右 二一一頁
73 前掲『池上本門寺百年史』一六七頁
74 東京都編『都史資料集成第三巻 東京市街鉄道』(東京都、二〇〇一年)一七八頁
75「穴守人車鉄道」『東京朝日新聞』一九〇〇年一二月八日
76「池上電気鉄道発起趣意書」鉄道省文書『鉄道免許・東京横浜電鉄(元池上電気鉄道)(東京急行電鉄)1・大正3~8年』(国立公文書館所蔵)
77 東京急行電鉄株式会社編『東京横浜電鉄沿革史』(東京急行電鉄、一九四三年)二一五頁
78 小川功「〝虚業家〟集団『高柳王国』の形成と崩壊:大衆資金のハイ・リスク分野への誘導と収奪」『彦根論叢』三五一号、二〇〇四年
79 高柳淳之助『事業を生かす頭』(東京ライフ社、一九五八年)一九~二〇頁
80 枝久保達也『城東電気軌道百年史』(Happiness Factory、二〇一七年)一二五頁
81 前掲『事業を生かす頭』二二頁
82 小川功「〝虚業家〟高柳淳之助による似非・企業再生ファンドの挫折」『滋賀大学経済学部研究年報』一一号、二〇〇四年
83 前掲『事業を生かす頭』一一~一九頁
84「本門寺の御会式を前に 蒲田から池上迄開通」『読売新聞』一九二二年一〇月九日
85「田園都市」『読売新聞』一九一七年一月一三日
86「池上電気鉄道株式会社新株募集」『読売新聞』一九二一年三月一三日
87 荏原土地株式会社『第一回営業報告書』三頁
88 (広告)「荏原土地株式会社 池上土地分譲」『東京朝日新聞』一九二三年一二月八日夕刊
89 池上町史編纂会編『池上町史』(大林閣、一九三二年)一八八頁
90 同右 一九八頁
91 前掲『東京横浜電鉄沿革史』六四八~六四九頁
92 内藤一成『貴族院』(同成社、二〇〇八年)一四~一七頁
93 貴族院事務局編『貴族院判決録』(貴族院事務局、一九二九年)一一七~一二四頁
94 有恒社編『明治・大正・昭和歴史資料全集 犯罪篇

下巻』（有恒社、一九三三年）三五九～三六〇頁
95 東京市臨時市域拡張部『荏原郡池上町現状調査』（東京市臨時市域拡張部、一九三一年）六頁
96 「郊外めぐり　池上町の巻」『読売新聞』一九二六年八月九日夕刊
97 加藤政洋『花街　異空間の都市史』（朝日選書、二〇〇五年）一八七～一八八頁
98 蒲田町史編纂会編『蒲田町史』（蒲田町史編纂会、一九三三年）三一九頁
99 前掲『花街』一八七頁
100 石居人也「明治末期における「隔離医療」と地域社会」松尾正人編『近代日本の形成と地域社会』（岩田書院、二〇〇六年）
101 同右
102 「府下の癩病療養所」『東京朝日新聞』一九〇七年七月二三日
103 「宗教病院」『読売新聞』一八九一年二月二〇日
104 『宗教病院大日本救世館設立之趣意』（宗教病院大日本救世館、一八九一年）
105 小林鶯里『現代小品文』（盛陽堂、一九一三年）二〇三頁
106 前掲「明治末期における「隔離医療」と地域社会」
107 前掲『池上町史』四一〇頁
108 大田区史編さん委員会編『大田区史　下』（東京都大田区、一九九六年）四二五頁
109 前掲『大田区史　（資料編）民俗』四〇三頁
110 同右　五八三頁
111 前掲『東京横浜電鉄沿革史』二九～三二頁
112 前掲『大田区史　下』五八一～五八二頁
113 永井良和『風俗営業取締り』（講談社選書メチエ、二〇〇二年）五七頁
114 「本門寺前に特飲街　地元の知らぬ間にずらり出現」『東京新聞』一九五〇年九月一六日夕刊
115 同右
116 同右
117 「料理屋など十一軒　許可前に建つ　〝池上特飲街〟もめる」『朝日新聞』一九五〇年一一月一一日
118 「設置反対学校同盟成る　断固阻止へ運動進む」『大森高新聞』九号、一九五〇年一〇月三一日
119 「参議院　厚生・文部連合審査会会議録」一九五〇年一一月一五日
120 「参議院　厚生・文部・地方行政委員会連合審査会

会議録」一九五〇年一一月一六日
121 洲崎の遊廓が郊外へと移転していった過程については、前掲『敗戦と赤線』七五〜九三頁参照。
122 前掲「参議院 厚生・文部連合審査会会議録」
123 神崎清『買春』（現代史出版会、一九七四年）三〇七頁。初出は『毎日情報』一九五一年二月号
124 「池上を住宅地に指定」『朝日新聞』一九五〇年一一月二一日
125 「池上特飲街ついに解決 業者手を引く 都で売却引き受け」『朝日新聞』一九五〇年一一月二二日

［第五章］
1 滝島功『都市と地租改正』（吉川弘文館、二〇〇三年）二九七〜二九八頁
2 東京府下各宗寺院惣代墓地委員編『東京府下元寺院境内共有墓地ニ関スル意見書』（各宗墓地委員事務所、一八九二年）一〜二頁
3 平出鏗二郎『東京風俗志 下』（冨山房、一九〇二年）二七頁
4 川越美穂「講座 都市と埋葬 東京における墓地行政の展開 青山霊園を事例に（日本史の研究（208））」『歴史と地理』五八二号、二〇〇五年
5 東京市編『東京市政概要 大正十四年版』（東京市、一九二六年）一二六〜一二八頁
6 「共葬墓地請願」『東京朝日新聞』一八八九年八月二〇日
7 東京市会事務局編『東京市会史 第二巻』（東京市会事務局、一九三三年）七七八頁
8 拙稿「近代東京における寺院境内墓地と郊外墓地」『日本歴史』八一七号、二〇一六年
9 東京市会事務局編『東京市会史 第三巻』（東京市会事務局、一九三五年）七四七頁
10 「論議 忘れられたる一問題」『読売新聞』一九一〇年一二月二四日
11 井上章一『霊柩車の誕生 新版』（朝日選書、一九九〇年）一一四〜一二二頁
12 京成電気軌道株式会社編『京成電気軌道株式会社第一期工事予算書』（一九一〇年）〔後藤・安田記念東京都市研究所市政専門図書館所蔵〕
13 思外山人編『理想的郊外生活地京成の美観』（三朋社、一九一六年）三九〜四〇頁
14 橘川武郎、粕谷誠編『日本不動産業史』（名古屋大

学出版会、二〇〇七年）一五六頁
15 前掲『京成電気軌道株式会社第一期工事予算書』一一頁
16 同右 二二頁
17 京成電鉄社史編纂委員会編『京成電鉄五十五年史』（京成電鉄、一九六七年）一五五頁
18 「東京市の膨脹と郊外の電鉄事業」『中外商業新報』一九一二年六月一五日
19 前掲『京成電気軌道株式会社第一期工事予算書』二三頁
20 鎌ヶ谷市教育委員会編『鎌ヶ谷市史 下巻』（鎌ヶ谷市、二〇一七年）四八一頁
21 鎌ヶ谷市郷土資料館編『平成二七年度鎌ヶ谷市郷土資料館企画展 交差するまちへ 鎌ヶ谷交通発展史』（鎌ヶ谷市郷土資料館、二〇一六年）六頁
22 坪谷善四郎述『各国都市事業一斑』（東京市役所、一九〇九年）一五三〜一六五頁
23 前掲『京成電鉄五十五年史』六八八頁
24 同右
25 前掲『京成電鉄五十五年史』一五七頁
26 前掲『京成電気軌道株式会社第一期工事予算書』二一〜二二頁
27 前掲『京成電鉄五十五年史』一五八頁
28 同右
29 佐藤生「京成電気軌道」『週刊ダイヤモンド』一九一三年一〇月号
30 前掲『鎌ヶ谷市史 下巻』四八一〜四八二頁
31 前掲「京成電気軌道」
32 前掲『第五期報告書』一一頁
33 「欧米の電車切符」『日本電気協会報』三六号、一九一四年三月
34 黒沢眞里子『アメリカ田園墓地の研究 生と死の景観論』（玉川大学出版部、二〇〇〇年）六八〜九三頁
35 徳富健次郎〔蘆花〕『みみずのたはこと（下）』（岩波文庫、一九七七年）一〇三頁
36 「隙間だらけの京成電気決算」『週刊ダイヤモンド』一九一四年八月号
37 「動力変更認可申請書」鉄道省文書『新三河鉄道（元愛知馬車、尾張電軌）明治四十二年大正元年』
38 『大正昭和名古屋市史 第五巻（金融交通篇）』（名古屋市、一九五四年）三四一頁

39 江口については『名古屋百人物』、『名古屋新百人物』、『名古屋百人物評論』を参照。

40 佐々木葉「名古屋の区画整理の礎を築いた人物笹原辰太郎について」『土木史研究　講演集』三一号、二〇一一年

41 木島死馬「八事懐顧」『都市創作』三巻一〇号、一九二七年

42 同右

43 浅井金松『天白区の歴史・続』（愛知県郷土資料刊行会、一九八七年）一一一頁

44 長尾盛之助『名古屋案内』（名古屋案内発行所、一九二五年）七五頁

45 名古屋市会事務局編『名古屋市会史　第二巻』（名古屋市会事務局、一九四〇年）五二一～五二四頁

46 同右　一二五四頁

47 前掲「名古屋の区画整理の礎を築いた人物笹原辰太郎について」

48 『都市創作』（五巻八号、一九二九年）には、笹原の追悼文が関係者から寄せられている。

49 「請書」鉄道省文書『新三河鉄道（元尾張電軌）大正二年大正四年』

50 「電気軌道延長敷設特許申請書」同右

51 「土第五三四号」同右

52 「営業上ノ収支計算書」同右

53 「特許状」同右

54 一柳葬具総本店『一柳葬具総本店創業百年史』（一柳葬具総本店、一九七七年）五八八頁

55 尾張電気軌道『新三河鉄道営業報告書（各年度版）』

56 馬場籍生『名古屋新百人物』（珊珊社、一九二一年）八頁

57 「八事東八事間乗客貨物調」鉄道省文書『名古屋市営（元尾張電軌、新三河鉄道）自大正五年至昭和十三年』

58 「軌道営業一部廃止申請書」同右

59 前掲『霊柩車の誕生』一一四～一二二頁

60 吹田市立博物館、公益財団法人多摩市文化振興財団企画・編集『［特別展］ニュータウン誕生』（パルテノン多摩、二〇一八年）一〇頁

61 吹田市史編さん委員会編『吹田市史　第七巻　史料編4』（吹田市、一九七六年）三一六～三二〇頁

62 同右　二六三頁

63 「北大阪の電鉄事業」『大阪毎日新聞』一九一九年三

月一三日
64 鳴海邦碩、橋爪紳也編著『商都のコスモロジー 大阪の空間文化』(TBSブリタニカ、一九九〇年)一九二〜二〇六頁
65 大阪市編『大阪市会史 第八巻』(大阪市、一九一五年)三七〇頁
66 青木庄蔵『回顧七十五年』(青木匡済財団、一九三七年)四一頁
67 「納めの市会」『大阪朝日新聞』一九一〇年一二月二五日
68 前掲『回顧七十五年』四四頁
69 同右
70 同右 四三頁
71 「副申 軽便鉄道免許申請ノ件」鉄道省文書『鉄道免許・京阪電気鉄道(元北大阪電気鉄道)1・大正5年』
72 「軽便鉄道免許申請書引換願」鉄道省文書『鉄道免許・京阪電気鉄道(元北大阪電気鉄道)1・大正5年』
73 大正四年一一月四日 大園宋三郎宛安藤重信書簡 鉄道省文書『鉄道免許・京阪電気鉄道(元北大阪電気鉄道)1・大正5年』
74 前掲『吹田市史 第七巻 史料編4』
75 同右 三二〇頁
76 五島は、電鉄経営者に転身後、自らも火葬場と墓地について調査したようだが、結局、事業化は断念したようだ(前掲『五島慶太の追想』)。
77 「北大阪電気鉄道敷設願却下ノ件」鉄道省文書『鉄道免許・京阪電気鉄道(元北大阪電気鉄道)1・大正5年』
78 吹田市史編さん委員会編『吹田市史 第三巻』(吹田市、一九八九年)一八八〜一八九頁
79 同右 一九二〜一九四頁
80 拙著『近代日本の大都市形成』(岩田書院、二〇〇四年)
81 『大阪の北郊と北大阪電鉄』(北大阪電気鉄道、一九二二年)六頁
82 吹田市立博物館編『平成二八年度(二〇一六年度)春季特別展 〃田園都市〃千里山』(吹田市立博物館、二〇一六年)一八〜一九頁

【終章】

1 金明秀ほか『関西私鉄文化を考える』(関西学院大学出版会、二〇一二年)四頁

2 前掲「大正期におけるメディア・イベントの形成と中産階級のユートピアとしての郊外」

3 前掲「東京における都市交通の成立と再編成」

4 東浦亮典『私鉄3・0　沿線人気No.1東急電鉄の戦略的ブランディング』(ワニブックスPLUS新書、二〇一八年)九七頁

5 大月敏雄『町を住みこなす』(岩波新書、二〇一七年)五五〜五六頁

6 http://www.tokyu.co.jp/company/business/urban_development/denentoshi/machi.html(二〇一九年三月三一日)

7 「私鉄の「脱・小林一三」戦略　ポスト大衆社会の街づくり(経営の視点)」『日本経済新聞』二〇一五年五月一一日

8 前掲『私鉄3・0　沿線人気No.1東急電鉄の戦略的ブランディング』二〇九頁

9 山下祐介『「都市の正義」が地方を壊す』(PHP新書、二〇一八年)一四二〜一四六頁

10 金子淳『ニュータウンの社会史』(青弓社、二〇一七年)二〇三〜二〇五頁

資料協力：
国立国会図書館関西館（『木村荘平君伝』『穴守稲荷　信仰美談』『穴守神社由来記』『京浜電気鉄道株式会社沿革』）
大田区立郷土資料館
公益財団法人後藤・安田記念東京都市研究所　市政専門図書館

鈴木勇一郎（すずき・ゆういちろう）

一九七二年、和歌山県生まれ。青山学院大学大学院文学研究科博士後期課程修了。博士（歴史学）。専攻は日本近代史、近代都市史。現在、川崎市市民ミュージアム学芸員。主な著書に『おみやげと鉄道』（講談社）など。

電《でん》鉄《てつ》は聖《せい》地《ち》をめざす

都《と》市《し》と鉄道《てつどう》の日本近代史《にほんきんだいし》

二〇一九年　五月一〇日　第一刷発行
二〇二三年　四月二一日　第三刷発行

著者　鈴《すず》木《き》勇《ゆう》一《いち》郎《ろう》

発行者　鈴木章一
発行所　株式会社講談社
東京都文京区音羽二丁目一二—二一　〒一一二—八〇〇一
電話（編集）〇三—三九四五—四九六三
（販売）〇三—五三九五—四四一五
（業務）〇三—五三九五—三六一五

KODANSHA

装幀者　奥定泰之
本文データ制作　講談社デジタル製作
本文印刷　信毎書籍印刷株式会社
カバー・表紙印刷　半七写真印刷工業株式会社
製本所　大口製本印刷株式会社

ISBN978-4-06-515712-1　Printed in Japan　N.D.C.210.6　235p　19cm

講談社選書メチエの再出発に際して

講談社選書メチエの創刊は冷戦終結後まもない一九九四年のことである。長く続いた東西対立の終わりはついに世界に平和をもたらすかに思われたが、その期待はすぐに裏切られた。超大国による新たな戦争、吹き荒れる民族主義の嵐……世界は向かうべき道を見失った。そのような時代の中で、書物のもたらす知識が一人一人の指針となることを願って、本選書は刊行された。

それから二五年、世界はさらに大きく変わった。特に知識をめぐる環境は世界史的な変化をこうむったとすら言える。インターネットによる情報化革命は、知識の徹底的な民主化を推し進めた。誰もがどこでも自由に知識を入手でき、自由に知識を発信できる。それは、冷戦終結後に抱いた期待を裏切られた私たちのもとに差した一条の光明でもあった。

その光明は今も消え去ってはいない。しかし、私たちは同時に、知識の民主化が知識の失墜をも生み出すという逆説を生きている。堅く揺るぎない知識も消費されるだけの不確かな情報に埋もれることを余儀なくされ、不確かな情報が人々の憎悪をかき立てる時代が今、訪れている。

この不確かな時代、不確かさが憎悪を生み出す時代にあって必要なのは、一人一人が堅く揺るぎない知識を得、生きていくための道標を得ることである。

フランス語の「メチエ」という言葉は、人が生きていくために必要とする職、経験によって身につけられる技術を意味する。選書メチエは、読者が磨き上げられた経験のもとに紡ぎ出される思索に触れ、生きるための技術と知識を手に入れる機会を提供することを目指している。万人にそのような機会が提供されたとき初めて、知識は真に民主化され、憎悪を乗り越える平和への道が拓けると私たちは固く信ずる。

この宣言をもって、講談社選書メチエ再出発の辞とするものである。

二〇一九年二月　野間省伸

日本語に主語はいらない　金谷武洋
テクノリテラシーとは何か　齊藤了文
どのような教育が「よい」教育か　苫野一徳
感情の政治学　吉田　徹
マーケット・デザイン　川越敏司
「社　会《コンヴィヴィアリテ》」のない国、日本　菊谷和宏
権力の空間／空間の権力　山本理顕
地図入門　今尾恵介
国際紛争を読み解く五つの視座　篠田英朗
易、風水、暦、養生、処世　水野杏紀
丸山眞男の敗北　伊東祐吏
新・中華街　山下清海
ノーベル経済学賞　根井雅弘編著
日本論　石川九楊
丸山眞男の憂鬱　橋爪大三郎
危機の政治学　牧野雅彦
主権の二千年史　正村俊之

機械カニバリズム　久保明教
暗号通貨の経済学　小島寛之
電鉄は聖地をめざす　鈴木勇一郎
日本語の焦点　日本語「標準形《スタンダード》」の歴史　野村剛史
ワイン法　蛯原健介
ＭＭＴ　井上智洋
快楽としての動物保護　信岡朝子
手の倫理　伊藤亜紗
現代民主主義　思想と歴史　権左武志
やさしくない国ニッポンの政治経済学　田中世紀
物価とは何か　渡辺　努
ＳＮＳ天皇論　茂木謙之介
英語の階級　新井潤美
目に見えない戦争　イヴォンヌ・ホフシュテッター　渡辺　玲訳
英語教育論争史　江利川春雄
人口の経済学　野原慎司